ГРАЖДАНСКИЕ МОТИВЫ

Юлий Ким принадлежит к блестящей плеяде бардов «первого призыва» и по праву занимает достойное место в ряду великих имён – Высоцкого, Окуджавы, Галича, Визбора, Матвеевой...

Он из бардов – самый «театральный». Всем известны его песни из фильмов «Обыкновенное чудо», «12 стульев», «Бумбараш», «Человек с бульвара Капуцинов», «Красная Шапочка», «Усатый нянь», «Собачье сердце» и др. Они звучат во множестве спектаклей по произведениям Шекспира, Фонвизина, Маяковского, Блока, Дюма и др. На музыку Ген. Гладкова, В. Дашкевича, А. Рыбникова в исполнении А. Миронова, М. Боярского, В. Золотухина, Е. Евстигнеева, Р. Зелёной, Е. Камбуровой и др. В его портфеле – десятки пьес, инсценировок и либретто, воплощённых на многих сценах.

В центре его внимания постоянно находятся и общественно-политические проблемы, судьбы мира и страны, о чём свидетельствуют его многочисленные так называемые «крамольные» песни и целых три пьесы: «Ной и его сыновья» (о судьбах мира), а также «Московские кухни», «Опера нищих на русский мотив» (о судьбах страны).

Ким – лауреат Гос. Премии им. Б. Окуджавы, лауреат Премии Поэт 2015 г.

В 1998 году он к своему российскому гражданству добавил израильское, что вдохновило его на новую важную тему в работе.

Словом, его творческая палитра впечатляюще разнообразна, так что с ним ни в коем случае не соскучишься.

Юлий Черсанович Ким
Гражданские мотивы.
Пьесы, стихи, проза. Филадельфия, 2024 — 352 с.
ISBN 979-8-9858179-2-8
Обложка: Марат Ким ©
Редактор: Татьяна Алексеева
Компьютерная вёрстка: Анна Бродская
Фото: Александр Ефремов ©
Издатель: Павел Мостинский
Все права защищены.

Yuliy Kim
Rebellious motifs.
Plays, poetry, stories. Philadelphia, 2024 — 352 pp.
ISBN 979-8-9858179-2-8
Cover by Marat Kim
Editor Tatiana Alekseeva
Computer Design by Anna Brodsky
Photos by Alexander Efremov

Library of Congress Control Number: 2024905386

Published by Paul Mostinski
All rights reserved.

© Yuliy Kim, 2024
© Marat Kim, Cover Design, 2024
© Alexander Efremov, Photo, 2024

ПРЕДИСЛОВИЕ АВТОРА

Общественная мысль в России закипела в 19 веке, докипела до 30-х годов века XX-го и замерзла до 50-х. Затем очнулась и пошла кипеть дальше.

Юность моего поколения как раз пришлась на этот период.

Размышления о судьбах Родины занимали нас всегда и, безусловно, проникали в литературу и искусство, и я не остался в стороне.

Чему подтверждением эта книга.

Юлий Ким

КЛОП
(фолк-опера)

Музыкальный фарс
по мотивам произведений В. Маяковского
Композитор — В. Дашкевич

ДЕЙСТВУЮЩИЕ ЛИЦА

ИВАН ПРИСЫПКИН
ЗОЯ БЕРЁЗКИНА
ОЛЕГ БАЯН
МАДАМ РЕНЕССАНС
ЭЛЬЗЕВИРА РЕНЕССАНС, ЕЁ ДОЧЬ
СЕКРЕТАРЬ
РЕЖИССЁР
МИЛИЦИОНЕР
ХОР — продавцы, беспризорники, студенты, свадебные гости, пожарники

ПРОЛОГ

(На сцену выходят режиссёр и артисты театра «Синяя блуза». Они поют «Наш марш» Маяковского и строят сценический мир — ставят декорации, включают свет, распределяются в сценическом пространстве и т. п.)

НАШ МАРШ

Бейте в площади бунтов топот!
Выше гордых голов гряда!
Мы разливом второго потопа
Перемоем миров города!

Радости пей, пой! В жилах весна разлита!
Сердце, бей бой! Грудь наша — медь литавр!
Довольно грошовых истин! В сердце старое вытри!
Улицы — наши кисти! Площади — наши палитры!

Видишь, звёздному скучно небу,
Без него наши песни вьём!
Эй, Большая Медведица, требуй,
Чтоб на небо нас взяли живьём!

Бейте в площади бунтов топот!
Бейте в площади бунтов топот!
Бейте в площади бунтов топот!

(Исчезают. На сцену выходит режиссёр)

ДЕЙСТВИЕ ПЕРВОЕ

КАРТИНА ПЕРВАЯ. РЫНОЧНАЯ ПЛОЩАДЬ

(В центре — парикмахерская «КРАСНЫЙ ВЕЖЕТАЛЬ»)

РЕЖИССЁР.
Двадцатые годы. Толкучий рынок.
Всё, что хотите — от яблок до ботинок.
Милиция на страже. Закон свиреп.
Купля — продажа. НЭП!!!

(Уходит)

ТОРГОВЦЫ.
1-й ТОРГОВЕЦ.
Ананасов — нету. Бананов — нету. Остались только антоновские яблочки.
2-й ТОРГОВЕЦ.
Из-за пуговицы не стоит жениться,
Из-за пуговицы не стоит разводиться!
Нажим большого и указательного пальца —
И брюки с вас никогда не свалятся!

(Оглядываясь, интимно)

Но кроме прочего, имеем кой-чего... но только лишь для вас, без лишних глаз....
3-й ТОРГОВЕЦ.
Германский небьющийся точильный брусок!
10 копеек любой кусок!
Точит в любом направленье и вкусе
Бритвы, ножи и языки для дискуссий!

(Интимно)
Но кроме прочего, имеем кой-чего... но только лишь для вас, без лишних глаз....
4-й ТОРГОВЕЦ.
Духи Коти на золотники! Духи Коти на золотники!
5-й ТОРГОВЕЦ.
Шары-колбаски — летай без опаски!
Такой бы шар генералу Нобиле — они на полюсе подольше бы побыли!
6-й ТОРГОВЕЦ.
Что делает жена, когда мужа дома нету? 105 весёлых анекдотов бывшего графа Льва Николаича Толстого! Вместо рубля двадцати — пятнадцать копеек!
ХОР.
Что делает жена, когда мужа дома нет!

(Те же и мадам Ренессанс)

ПРОДАВЕЦ.
Лучшие республиканские селёдки! Незаменимы при всякой водке!
МАДАМ.
Вот это да! Вот это вещь! Это действительно селёдка, а не лещ! Это я — да: захвачу всегда! Сколько стоит эта **килька**?
ПРОДАВЕЦ.
Эта **лососина** стоит 2.60 кило.
МАДАМ.
2.60 за шпрота-переростка?
ПРОДАВЕЦ.
2.60 за эту молодую осетрину!

МАДАМ.
За эти маринованные кости?
ПРОДАВЕЦ.
За этого кита! 2.60!
МАДАМ.
2.60 за эту кильку! За этого шпрота-переростка! За эти маринованные кости! Вы слышите, товарищ милиционер? Так вы были правы, когда убили государя-императора! Так вы были правы, когда прогнали господина Рябушинского! Но я найду свои права и свои селёдки в советской государственной общественной кооперации!
ПРОДАВЕЦ.
Лучшие республиканские селёдки! Незаменимы при всякой водке!
МИЛИЦИОНЕР.
Гражданка Ренессанс, вам повестка. *(Читает)* «Гражданке Ренессанс. Ваш салон "Красный вежеталь" подлежит закрытию, а патент на него — изъятию, поскольку ваша семья состоит из нетрудовых элементов и не имеет членов профсоюза». Распишитесь.

(Берёт расписку и уходит)

МАДАМ. *(Потрясённо)*
За что же мы боролись? За что убили государя-императора? За что прогнали господина Рябушинского? Где я найду свои права, бедная лишенка? В могилу меня вкопает советская ваша власть!

(Те же и БАЯН)

Ах, если бы в нашем доме был профсоюзный билет!
Они бы не закрыли мой салон! Полюбуйтесь, товарищ Бочкин! *(Подаёт повестку)*
БАЯН.
Я, мадам, совершил культурную революцию: я уже не Бочкин, мадам. Теперь даже улицы иначе именуются — что же остаётся нам?
Олег Баян — какое миленькое имя!
Олег Баян — звучит прелестно, как романс!
Олег Баян — со всеми связями своими
Он может всё — за вашу водку и аванс!
(Читает повестку)

ДУЭТ

МАДАМ.
Кошмарная страна! Что за времена!
БАЯН.
Не надо лишних слов.
МАДАМ.
Не только я одна — все сошли с ума!
БАЯН.
Представьте, я здоров!
МАДАМ.
Копейки не скопить, шагу не ступить!
БАЯН.
Да что там говорить:
Вопрос Гамлета: быть или не быть? Быть!!!
ВДВОЁМ.
Кругом герои в дыму и громе,
А тем, кто кроме — тем не сдобровать!
Но даже мошки хотят кормёжки,
Им тоже надо что-нибудь кусать!

МАДАМ.
Куда же мы теперь? Как же мы теперь?
БАЯН.
А так же, как всегда.
МАДАМ.
Вы знаете куда? Где же эта дверь?
БАЯН.
А там же, где всегда.
МАДАМ.
И что мы будем пить? Что мы будем есть?
БАЯН.
А то же, что всегда,
Но — переменим соус, господа!... т. е. товарищи!
Другое время — другие песни:
Вперед, наш паровоз, вперёд лети!
За ваши двести мы с вами вместе!
Мадам, иного нет у нас пути!
ВДВОЁМ.
Мы только мошки, мы ждём кормёжки,
Кормите нас — и мы всегда за вас!
И всем, чем сможем, всегда поможем,
Авось, найдётся дело и для нас.
БАЯН.
Мадам! Вам необходимо породниться с победившим классом. Он к вам своё древнее незапятнанное пролетарское происхождение и профсоюзный билет в дом внесёт, ну а у вас дочка на доходном предприятии — тоже не бык на палочке.
МАДАМ.
Товарищ Баян... а без этого никак нельзя?
БАЯН. *(Отдаёт повестку)*
Вы же видите, мадам. Они — победивший класс, и они

сметают всё на своём пути, как лава! Вот, пожалуйста.

(Через рынок идёт молодёжная колонна на субботник)

ХОР. *(Фанатично, маршируя)*
Бейте в площади бунтов топот!
Выше гордых голов гряда!
Мы разливом второго потопа
Перемоем миров города!

Радости пей, пой!
В жилах весна разлита!
Сердце, бей бой! Грудь наша — медь литавр.
Довольно грошовых истин! В сердце старое вытри!
Улицы — наши кисти! Площади — наши палитры!

Бейте в площади бунтов топот!..

(Колонна прошла. От неё отделились и остались на рынке ЗОЯ БЕРЁЗКИНА и ИВАН ПРИСЫПКИН)

ЗОЯ.
Вань, ты что?
ИВАН.
Ничего. Пускай разок без нас помаршируют. Нам с тобой жилплощадь дают?
ЗОЯ.
Обещали.
ИВАН.
Вот. А жилплощадь — она чего требует?
ЗОЯ.
Жильцов.
ИВАН.
Этого добра и без нас хватает. Жилплощадь, Зоя

Иванна, требует обстановку. Вот давай и посмотрим.

(Подходят к продавщице абажуров)

ПРОДАВЩИЦА.
Абажуры любой расцветки и масти,
Голубые — для уюту, красные — для сладострастия!
ИВАН и **ЗОЯ.**
Какая красота!
ПРОДАВЩИЦА БЮСТГАЛЬТЕРОВ.
Бюстгальтеры на меху!
ИВАН.
Вот это да! Вот это вещь! Зой, смотри какие чепчики, а?
ЗОЯ.
Ванечка, это не чепчики. Ванечка, это же лифчики!
ИВАН.
Без глаз я, что ли? Двойной чепчик! Вдруг у нас двойня родится? Это Ляле, это Лиле, чтоб ходили по квартире...
ЗОЯ.
Ваня, квартиру не выдадут. Нам бы отдельную комнату.
ИВАН.
Сам предзавкома, сам Лассальченко нам жилплощадь к свадьбе обещал. Хоть какая-никакая, но своя, а не чужая, и не общая — на 20 коек с тумбочкой! Эх...

ДУЭТ ИВАНА И ЗОИ

ИВАН.
Обещали Ванечке пироги да прянички — э-эх!
Да покуда выдали, у Ваньки зубы выпали — э-эх!
Вот те, любушка-любовь, картовь да морковь — вобла!
Вот те, любушка, постель: вдвоём под шинель — тёпло!
ЗОЯ.
Ты не грусти, не плачь, Ванюша, это горе — не беда.
Лишь бы ты со мной навеки, а уж я-то навсегда!
ИВАН.
Бился Ваня с белым классом, а имеет фигу с маслом — э-эх!
А любовь — она ведь что ж: из ней шубу не сошьёшь — э-эх!
ЗОЯ.
Шляпки новые носить да модные ботиночки — на что мне?
В шляпке просто полюбить, а ты меня в косыночке запомни!
ИВАН.
Да что ж сидеть при керосинке, когда всюду примуса?
А всю жизнь в одной косынке — невеликая краса...
ВДВОЁМ.
Ой, потушите эту лампочку — невесело горит!
Ой, полюбите эту парочку за то, что не грустит!
ИВАН.
Зой, а ты бы и правда, культурную шляпку примерила бы.
ЗОЯ.
Так. Косынка моя ему разонравилась. Поищи себе другую. В чепчике, на меху!

ИВАН.
А тебе что — в этой рвани ходить не надоело?
ЗОЯ.
Сам примеряй буржуйские обноски! А я и в москвошвее похожу. Эх ты, профсоюзник!

(Сердито уходит)

ИВАН. *(Вслед)*
И примерю! Вон, Лассальченко — большой человек, а тоже в галстуке ходит! И в шляпе! И ничего!
БЕСПРИЗОРНИК. *(Жалостно)*
Смотрите, граждане, смотрите, люди!
Хотя бы глазом гляньте на меня:
У всех на свете папа есть и мама,
А я один, я горький сирота.
Мои штаны — печальная насмешка,
Мой дом родной — канава у ворот.
Я не могу трудиться по здоровью,
А воровать мне совесть не даёт.
Кому я нужен, бедная сиротка
Пойду на рельсы лягу поперёк.
А на моей могилке напишите:
«Он мог бы жить как люди, но не мог».
ХОР БЕСПРИЗОРНИКОВ.
У меня мама — бывшая мадама,
У меня папа — бывший капитан.
Они теперь гуляют по Европе,
А я гуляю здесь, я уркаган!
Кому куда — а нам туда,
Туда, где водится монета.
Кому чего — а нам вина и марафета!

У папы с мамой есть богатый дядя,
Они к нему уплыли в Сингапур,
А меня тоже дядя ожидает:
Московский МУР, любимый дядя Мур
Кому куда — а нам туда, где много блох и мало света!
Кому чего — а нам вина и марафета!

(Под шумок БЕСПРИЗОРНИК похищает у ИВАНА кошелёк)

ИВАН.
Отдай кошелёк!
ТОЛПА.
Видали, граждане, такого вредного? Не трогай мальчика! Не мучай бедного!
ИВАН.
Он у меня кошелёк украл!
БЕСПРИЗОРНИК.
Ну на, держи меня! Ну, обыщи меня!
ТОЛПА.
Не трожь сироточку! Не трожь сироточку!

(Свисток. МИЛИЦИОНЕР, в стороне — БАЯН, наблюдает)

МИЛИЦИОНЕР. *(Ивану)*
Ваши документы, гражданин.
ИВАН.
Зовут меня Иван.
БАЯН.
Иван...
ИВАН.
Фамилия Присыпкин.
БАЯН.
Присыпкин...

ИВАН.
Я себя как личность завсегда удостоверю. Я рабочий стройконторы, холостой, но свадьба скоро. Вот документ: мой профессиональный союзный билет. Я хотел сапоги себе купить, а у меня кошелёк спёрли, паразиты.
БАЯН.
Очень интересно. Это то, что надо.
МИЛИЦИОНЕР. *(Возвращает билет)*
В другой раз не зевайте, товарищ.
ИВАН. *(Вслед милиционеру)*
А как же кошелёк?
БАЯН. *(Поймав беспризорника)*
Послушай, маленький, ты знаешь Алика. А ну-ка, дай сюда!
(Отобрал кошелёк)
Будь здоров!
(Даёт пинка. Затем подходит к Ивану и возвращает кошелёк)
Товарищ Присыпкин — очень приятно познакомиться.
ИВАН.
Вот спасибо, товарищ.
БАЯН.
Но, товарищ, вам надо заменить фамилию. Вы же пролетарий, гегемон!
Отбросим околичности: при этакой-то личности
И такие неприличности, пардон:
Куда — присыпкин? Кому — присыпкин?
Вам подойдёт скорей... Пьер... Скрипкин!
ИВАН.
Пьер Скрипкин... Чтоб щипало, и замирало... *(Доволен)*

БАЯН.
Эх, к такому имени, да ещё бы голову...
ИВАН.
А что? Голова как голова.
БАЯН.
Плохая у вас голова, товарищ Скрипкин.
ИВАН.
Это в каком же смысле?!
БАЯН.
В смысле — непричёсанная. Зайдёмте на минуточку в это мелкобуржуазное заведение. Там, как победившему классу, вашу голову быстро обработают.

(Вводит Ивана в салон)

Знакомьтесь, мадам: Пьер Скрипкин, ударник труда и член профсоюза! Но, мадам, где же Эльзевира?
МАДАМ.
Эльзевира!

(Музыка. Входит красавица ЭЛЬЗЕВИРА. При виде ИВАНА глаза её загораются. ИВАНА усаживают. ИВАНУ обрабатывают голову)

ЭЛЬЗЕВИРА.
Так... не беспокоит?
ИВАН.
Беспокоит... но кое-что другое!...

ОБОЛЬСТИТЕЛЬНОЕ ТАНГО

ЭЛЬЗЕВИРА. *(Причёсывая и пританцовывая)*
Позабудь про камин. В нём погасли огни.
На софе под шофэ мы остались одни.

Мы сидим тет-а-тет, и любя и ревнуя,
Всё лицо твоё держу я, как мучительный портрет.
О, как ты чудно, моё танго!
С людьми трудно — с тобой легко!

(Вместе с МАДАМ и БАЯНОМ)

Любовь согреет, любовь спасёт,
Кто потеряет, тот не вернёт!
ЭЛЬЗЕВИРА, БАЯН и МАДАМ.
О какие глаза — это пламя и страсть,
(Смотрите на него!)
Это бездна без дна — так и тянет упасть,
(Он скажет что-нибудь?)
Ах, мой друг, нелегко отказаться от риска,
(Он тает на глазах!)
Когда всё вот так вот близко, но при этом далеко!
(Ну-ну ещё чуть-чуть!)
БАЯН.
Любого пламя любовь сильней!
Не думай, Ваня, прожить без ней!
ВТРОЁМ.
Любовь согреет, любовь спасёт,
Кто потеряет, тот не вернёт!
ЭЛЬЗЕВИРА.
Я не знаю, зачем нас судьба повстречала...
Это может быть начало — и быть может, насовсем!
ИВАН.
Какая красота!
БАЯН. *(Выводит Ивана на рынок)*
Итак, ваш чердак и причёсан и выбрит, но прочий фасад нехорош.
Костюм? Пиджак? Извольте выбрать.

ИВАН.
Да разве тут что подберёшь?

(По знаку Баяна рынок вдруг расцветает дефицитом)

БАЯН.
Всё, что вы хотите, вы найдёте здесь,
Хотите для любви, хотите для уюту.
Тут старый мир готов отдаться весь
За новую советскую валюту!
Олег Баян — всё вам устроит, как в Париже!
Олег Баян — он вам советует любя:
Хватай кусок, какой лежит к тебе поближе,
Пока его не утащили до тебя!

МАДАМ.
Нет, ты, мой милый, поживи с моё!
Сто раз обвешают и обсчитают вас!
Спросите у мадам Ренессанс:
Ведь это ж сплошное жульё!

ХОР.
Кругом прекрасная торговля частная,
Торговля честная: кто кого.
А нам от ближнего не надо лишнего — ничего!
На нас моментами облава с ментами,
А мы с патентами как один,
Мы люди скромные: за ваши кровные всё продадим!

МАДАМ.
Ах, эти частники, жуки-лабазники!
И не заметишь, как обдерут!

ХОР.
Торгуй без продыха! Дери втридорога! Пока дают!

БАЯН.
В этой толкучке прекрасной
Очень наглядно видать
Последние судороги класса,
Которому есть что терять!

ХОР.
Кругом прекрасная торговля частная,
А мы все честные как один,
Мы люди скромные — за ваши кровные — всё продадим!
Собственность — кража! Закон — свиреп!
Купля — продажа!
НЭП! НЭП! НЭП!

МИЛИЦИОНЕР. *(Свистит).*
Граждане! Прекратите эту безобразную сцену!

(Рынок мгновенно становится прежним. БАЯН исчез. ИВАН в ошеломлении. В своём прежнем наряде — и с роскошно причёсанной головой)

ПРОДАВЦЫ. *(Затихая)*
— Ананасов! — нету... Бананов! — нету...
— Из-за пуговицы не стоит жениться...
— Что делает жена, когда мужа дома нету...

(Сцена опустела)

КАРТИНА ВТОРАЯ. ОБЩЕЖИТИЕ

РЕЖИССЁР.
Перед вами, граждане зрители,
Молодёжное общежитие.
Много поэзии и математики,
Мало еды.
Столько же романтики, сколько нужды.

Отсюда в жизнь кипучую,
В грядущие дни
Вышли многие лучшие,
Но, правда, не только они...
ХОР. *(За сценой)*
Суровые грозы проходят
Борьбы за свободу страны,
На ними другие приходят,
Они будут тоже трудны.

   Припев:
Но нету время рыдать, рыдать когда,
Сменим мы стремя на сталь, на сталь труда.
На все вопросы один, один ответ:
И никакого другого нет, нет, нет.

Промчались суровые грозы,
Победы настали кругом,
Утрите суровые слёзы
Пробитым в боях рукавом.

(В красном уголке — репетиция художественной самодеятельности. В комнате «на 20 коек с тумбочкой» лежит Иван)

ИВАН. *(Задумчиво)*
Где ж ты, где, родимый край?.. Далеко-далёко...
Серый домик да сарай... Лопухи, осока...
Там я сеял да косил... Кто ж тут будет спорить:
Несознательно я жил... а приятно вспомнить.
Ох, далека дорога к дому — тыщи вёрст да две войны...
Ох, больно много было грому... сердце просит тишины.
(В красном уголке)

ХОР.
Дорогому предзавкому,
Вдохновителю побед
Товарищу Лассальченко —
Привет! Привет! Привет!
РЕЖИССЁР.
Стоп, стоп. Недружно, товарищи, без огонька. Всё-таки к нам сегодня приезжает не кто-нибудь, а сам предзавкома, сам товарищ Лассальченко — а мы его так приветствуем. Ну-ка, ещё разок! Открывается дверь, Лассальченко входит, а мы как один, дружно! По-боевому — и-и-и-
ХОР. (Вдохновенно)
Дорогому предзавкому! Вдохновителю побед!
Товарищу Лассальченко! Привет! Привет! Привет!

(В комнате. Вошла ЗОЯ)

ЗОЯ.
Привет, товарищ Присыпкин. Красив, ничего не скажешь. Умеет стричь парикмахерша. Вот и женись на ней, она тебя красным вежеталем каждый день душить будет.
ИВАН.
Зой, кончай ты эту бузу. Нам сегодня Лассальченко ордер привезёт на жилплощадь, а ты ревнуешь, как отсталый элемент.
ЗОЯ.
У тебя, Ваня, один ордер на уме.
ИВАН.
Эх, Зоя Ванна, товарищ Берёзкина — а ты как думала? Ведь это же не просто бумажка, это же свой дом, своё гнездо. Ты — баба, должна это чувствовать лучше моего.

ДУЭТ

ИВАН.
Вот со смены ты придёшь, дверь откроешь и войдёшь — в дом свой!
ЗОЯ.
Чистый коврик на полу, кот мурлыкает в углу — толстый...
ИВАН.
Хочешь лампочку включай, а не хочешь — выключай, смело!
ЗОЯ.
Ни толкучки никакой, один Ванечка родной — слева...
ОБА.
И только слышно, как тихонько дождик шарит по окну...
И никто нам не мешает, и мы тоже никому.
Ой, кому солнышко не в радость, а нам дождик не беда,
Лишь бы ты со мной навеки, а уж я-то навсегда.
ЗОЯ.
Туфли новые куплю, гарнитур сама сошью — спальный!
ИВАН.
Это, Зойка, не масштаб, я хочу зеркальный шкап — с пальмой!
ЗОЯ.
И с работы на обед можно будет забегать в полдень!
ИВАН.
И на всё это нужна одна бумажка да печать — ордер!
ОБА.
Ой, ветер ветку клонит низко, в руку яблочко кладёт,
Ой, наше счастье ходит близко, скоро в гости забредёт.
Ой, потушите эту лампочку, давно уже пора!
Ой, не тревожьте эту парочку до самого утра!

(В красном уголке. Грянула музыка)

ХОР.
Дорогому предзавкому! Вдохновителю побед!
Товарищу Лассальченко! Привет! Привет! Привет!!!

(Входит секретарь товарища Лассальченко)

РЕЖИССЁР.
А где же сам товарищ Лассальченко?

СЕКРЕТАРЬ.
Уважаемые товарищи, простите за опоздание. Но я уполномочен зачитать вам небольшое приветствие нашего руководителя: «Завтра, говорит, я мог бы, а сегодня не могу: сегодня юбилей Гюго, и хочешь не хочешь, а в президиуме всё равно сидеть надо». *(Зачитывает приветствие)*
Товарищи молодёжь!
Сегодня душа весела!
Гораздо бодрей, чем вчера!
Спросите у нас — как дела?
И мы вам ответим: — ура!

Поступью железной, дружно как стена,
Мы шагаем вслед за — невзирая на!
Мы горды своими — и вперёд глядя,
Отдаём во имя — и на благо для!
И чувствуем мы как всегда
Наш локоть и наше плечо!
Сегодня мы как никогда!
А завтра — гораздо ещё!
(Аплодисменты)

РЕЖИССЁР.
От имени нашего коллектива просим передать — и-и-и

ХОР.
Дорогому предзавкому! Вдохновителю побед!
Товарищу Лассальченко! Привет! Привет! Привет!!!
СЕКРЕТАРЬ.
Обязательно передам. Но я уполномочен ознакомиться с вашей самодеятельностью. Так сказать, с лучшими образцами.
РЕЖИССЁР.
Эй, внимание, «Синяя блуза»!
Синяя блуза — молодёжная муза!
Сегодня у нас собрание:
Тема — Великое Культурное Одичание!
Чтоб нас не одолела одичавшая толпа,
Покажем, как человек превращается в клопа!.
ВСЕ.
Баллада о клопе!

(Музыка)

РЕЖИССЁР.
Природа в щедрости своей бывает и слепа.
Природа создала людей, ну а зачем клопа?
Ей Богу, в сущности своей природа не глупа!
Она придумала людей, чтобы кормить клопа.
ХОР.
Она придумала людей, чтобы кормить клопа.
РЕЖИССЁР.
Гнездясь в матрасах всех времён, клоп действует хитро.
В мундир и справки прячет он клопиное нутро.
Из Канта шпарит наизусть, Толстому правит слог.
Он даже прославляет дуст как средство против блох!
ХОР.
Он даже прославляет дуст как средство против блох!

РЕЖИССЁР и **ХОР**.
Ей Богу, в сущности своей природа не глупа!
Она придумала людей, чтобы кормить клопа.
И существует эта мразь, и будет жить она,
Покуда существует грязь, а это чья вина?
СЕКРЕТАРЬ. *(Возмущённо)*
Ну, товарищи, мне просто неловко за автора:
Это же какой-то поклёп.
Откуда? Кого в нашем светлом завтра
Может беспокоить клоп,
Когда уже сейчас, в современном быте
И думать забыли об этом паразите?
Быт у нас не таков: никаких таких клопов,
А за грязь тебя накажут штрафом.
То, что было, то прошло — и мечту свою смешно
Ограничивать зеркальным шкафом.
Чтоб клоп в нашем быте? Ну, вы сами посудите:
Всё-тки мы живём культурно, не пыльно:
Гардероб, гарнитур, Рига, Прага, Сингапур,
Дал на лапу — взял по блату — всё стерильно!
Всё по моде — люкс и форс! Мебеля — а ля Каторз!
Унитаз — и то всегда как новый!
Чтобы крапинка-царапинка — ну это уж пардон-с:
Я ж детей за это бью — ну что вы!
И не задерживай свой шаг в достиженьи новых благ,
Даже если кой-чего достигнул!
Помни твёрдо, дорогой: всем прогрессом движет твой
Матерьяльный *(он же моральный)* стимул!
Да откуда же? Да чтоб у меня завёлся клоп?!
От соседей? Так для них же хуже!
Я ж проходу им не дам! Я же в суд на них подам!
Я же дустом задушу их! Тут же!

Так что, товарищи, забудьте этого автора,
И прекратите этот поклёп:
Нигде никогда, ни сегодня, ни завтра
Никакой невозможен клоп...
РЕЖИССЁР.
Но ведь автор-то — Маяковский.
СЕКРЕТАРЬ.
Я, конечно, читал и знаю товарища Маяковского. Удивительное дарование. Но знаете... после государственной и общественной деятельности хочется отдохнуть. Помните, как пел поэт:
После разных заседаний нам не радость не печаль,
Нам в грядущем нет желаний, нам тарам-тарам не жаль.
(Аплодисменты)

Сделайте красиво. Как в Большом театре. Вы были в Большом театре? Удивительно интересно. Везде с цветами порхают, поют, танцуют разные эльфы и сифилиды... я хотел сказать сильфиды. У вас есть сильфиды?
РЕЖИССЁР.
Простите, но сильфид уже было много и их дальнейшее размножение госпланом не предусмотрено. Но относительно отдыха я вас, конечно, понимаю. Девушки — на сцену! Зоя! Берёзкина! Где Зоя?

(Вбегает Зоя)

Итак: песня и танец молодых ткачих — «Ниточки»!
И-и-и...

ПЕСНЯ И ТАНЕЦ ТКАЧИХ

Ниточки, тонкие ниточки,
Вейтесь, не рвитесь, пожалуйста,
Вейтесь, не рвитесь, не путайтесь:
Я загадала на вас.
Нитка порвётся, закрутится —
Значит, желанье не сбудется,
А ведь на счастье загадывать
Можно один только раз.

День пройдёт — песню гудок споёт,
Я к тебе выйду в косыночке красной.
Сердце бьётся — ниточка вьётся-вьётся,
Словно дорожка, где меня милый ждёт!

Белая нитка — свиданье,
Чёрная нитка — страданье,
Белая ниточка — как бы мне
С чёрной не спутать её.
Кто же теперь верит в гадание?
Может, я очень отсталая:
Если порвётесь, вы, ниточки,
Сердце порвётся моё!

Припев:
Ниточки, тонкие ниточки,
Очень вы, ниточки, тонкие:
Кажется, только дотронешься —
И уж вяжи узелок.
Ниточка с ниточкой сложатся,
Ниточка с ниточкой свяжутся,
Крепкою тканью окажутся —
Дайте только срок.

Друг ты мой, будешь ли ты со мной?
Я всё жду, каждый денечек считаю.
Я не знаю, как по тебе скучаю!
Друг мой хороший, будешь ли ты со мной?

СЕКРЕТАРЬ.
Браво! Хорошо! И никакого упадничества! Кстати, как фамилия этой артисточки? Очень красивое... и нежное дарование.
РЕЖИССЁР.
Зоя! Берёзкина! Тобой интересуются.

(Зоя подходит)

СЕКРЕТАРЬ.
Очень приятно. У вас есть телефон? Ах да, у вас нет телефона. А как у вас бытовые условия? У вас есть бытовые условия? Хотелось бы ознакомиться.
ЗОЯ.
Да! Пожалуйста! Пойдёмте, я вас познакомлю.

(В комнате)

Вот, знакомьтесь: Присыпкин Ваня, мой жених. А это — секретарь товарища Лассальченко.
ИВАН.
А где же сам Лассальченко? Он же обещал приехать. Мы ему насчёт жилплощади заявление подавали.
СЕКРЕТАРЬ.
Так зачем же его беспокоить, когда я собственнолично могу вас удовлетворить? У меня же все входящие-исходящие на руках, безо всякого бюрократизма.
Раз! — нахожу вашу папку. Раз! — хватаю ваше дело. Раз! — достаю окончательную резолюцию. Вот: «От-ка-зать». *(Выходит)*

ИВАН.
Обещали Ванечке пироги да прянички... повидло!
Да покуда выдали, у Ваньки зубы выпали... обидно!
Трень-брень трали-вали — хорошо гутарили, красиво...
Что ж вы карточки раздали и не отоварили? Спасибо...
Победили кто — буржуи или пролетарии?!
ЗОЯ.
Ты не грусти, не плачь, Ванюша, это горе не беда,
Обними меня покрепче...
ИВАН.
Не то поёшь, товарищ Берёзкина.
Эх, дорогой и дорогая, дорогие оба,
Их другие дорогие довели до гроба...

(Входит парень с ведомостью)

ПАРЕНЬ.
Присыпкин, ты в МОПР уплатил?
ИВАН.
Ну, уплатил.
ПАРЕНЬ.
А в Осоавиахим?
ИВАН.
Внёс.
ПАРЕНЬ.
А в «Долой неграмотность?»
ИВАН.
Полностью!
ПАРЕНЬ.
А в Автодор?
ИВАН. *(Взорвался)*
Ах, тебе ещё и в Автодор?!
Вот змеи! Вот живодёры!

Прямо получку рвут из рук — вынь да положь!
Да я плевать хотел на ваши автодоры!
За что боролся — хрен поймёшь!

Раз ты сознательный, да то, да сё,
То обязательно плати за всё?
Ну, нет уж, милые, ищите дураков,
А я вам — с кисточкой, и был таков!

Ещё накинутся, начнут позорить —
Да начихать на них на всех — знать не хочу!
Не 19-ый год! Могу себе позволить!
За что боролся — всё получу!
Единым строем к плечу плечом
Дороги строим — а я причём?
Нет уж, милые, ищите дураков,
А я вам — с кисточкой — и был таков!

ЗОЯ.
Ваня!
ИВАН.
Гражданка! Наша с вами мечта — ликвидирована.
(Поёт с надрывом)
Ах, улетели-укатили кони резвые мои:
Без бумажки нет квартиры, без квартиры нет любви!

(Выбежал из комнаты в красный уголок, где вместо своих ребят поджидают его БАЯН и ЭЛЬЗЕВИРА)

БАЯН.
Товарищ Скрипкин, оставьте ваше терпение нелопнутым. Мы пришли совершенно бесплатно, поучить вас новейшим танцам.

ЭЛЬЗЕВИРА.
Как я понимаю вас!.. Забудьте об них. Далась вам эта Борискина.
ИВАН.
Берёзкина...
ЭЛЬЗЕВИРА.
У ней же один Карл Маркс вместо сердца.
ИВАН.
Ну почему... сердце как сердце.
ЭЛЬЗЕВИРА.
Но сможет ли оно вас понять? Я вас понимаю, товарищ Скрипкин: трудно при вашей нежной душе в ихнем грубом обществе. Можно я вас буду называть — Скрипочка?

(Танцует с ИВАНОМ)

Тогда, когда срываются цветы,
Тогда, когда сбываются мечты,
Скажи, что страстно любишь,
И в этом сердце вечно будешь только ты!

БАЯН.
Так-так. Точь-в точь. Как будто в лунную ночь идёте вы из пивной...
ЭЛЬЗЕВИРА.
И будешь в сердце только ты!
БАЯН.
Рука. Товарищ Скрипкин.
ИВАН.
Что рука?
БАЯН.
Низко рука.

ИВАН.
Не держится.
БАЯН.
Скрипочка! Вы же большим пальчиком лифчик найдите и упритесь... И вам облегчение...
ЭЛЬЗЕВИРА.
И даме удовольствие.
Среди людей тебя нигде не ждут,
В груди моей найдёшь ты свой приют.
Скажи, что страстно любишь,
И ты зимой и летом будешь только тут!
Зимой и летом — в сердце этом!
БАЯН.
Вот так и запомните! Так и замрите!
ИВАН.
Эх, красота! Я за что боролся? Я за красивую жизнь боролся! Эх!... товарищ Эльзевира!
Спрятался месяц за тучку — снова выходит гулять!
Позвольте мне белую ручку к красному сердцу прижать!
Ты, товарищ, меня глубоко пойми,
Уважая пролитую кровь:
Утомлённое тело окопами
Хочет знать красоту и любовь!
Мои чувства, мечты и фантазии
Снова в сердце как пламя зажглись:
Я в боях с мировой буржуазией
Заслужил себе личную жизнь!
Вы такая прелестная скромница:
Ваши плечи как фарфор — и грудь.
Я до вас опасаюсь дотронуться,
Как на свечку стесняюсь дыхнуть!
Жить невозможно без ласки — ласку легко погубить!
Позвольте мне карие глазки красной душою любить!

ЭЛЬЗЕВИРА.
Скрипочка!...
ИВАН.
Жил я раньше во тьме без понятия,
Но с победой трудящихся масс
Я понял красоту и симпатию,
А тем более глядя на вас!
И скажу вам во всей откровенности:
Пострадавши в нужде и борьбе,
Я буржуев культурные ценности
В полном праве примерить к себе!
Когда вы так доверчиво ложите
Свои пальчики мне на ладонь,
Вы себе и представить не можете,
Что вы ложите их на огонь!
Он не сожгёт — он согреет!
Смело отдайтесь ему!
Позвольте, я нежную шею
Красной рукой обойму...
Спрятался месяц за тучку —
Снова выходит гулять!
Позвольте мне белую, белую ручку
К красному сердцу прижать!

(Входят ребята, соседи Ивана по общежитию)

1-ый ПАРЕНЬ.
Ну и милка. Ну и чудо: одни груди по два пуда!
2-ой ПАРЕНЬ.
Шёл я верхом, шёл я низом,
строил мост в соцреализм,
Не достроил и устал,
И уселся у моста́.

Травка выросла у мо́ста,
По мосту́ идут овечки...
Мы желаем очень просто
Отдохнуть у этой речки!
1-ый ПАРЕНЬ.
Ванька. Кончай ты эту бузу!
2-ой ПАРЕНЬ.
Из-за тебя, паразита, такая баба убивается.
ИВАН.
Так это, значит, от Зои Ванны такая делегация?
1-ый ПАРЕНЬ.
При чём тут Зоя Ванна?
2-ой ПАРЕНЬ.
Нам самим интересно.
3-ий ПАРЕНЬ.
Как ты от своего класса отрываешься.
ИВАН.
А я, может, наоборот: весь свой класс своей культурностью возвышаю!
1-ый ПАРЕНЬ.
Послушай, Присыпкин...
ИВАН.
Был Присыпкин — а теперь: Пьер! Скрипкин, во!
2-ой ПАРЕНЬ.
Кто-кто?
3-ий ПАРЕНЬ.
Пьер? Скрипкин?
ИВАН.
А что, завидки берут?
БАЯН. (В танце с Присыпкиным)
Ну, конечно же, завидки! Вы ж талант, товарищ Скрипкин!

Вы же гений в мировом аспекте!
Вы же просто высший класс! Только жалко, что у нас
Вам нигде растанцеваться негде!
Мировая революция нужна, чтоб развернуться вам
На всей международной сцене!
Лиссабон! Вашингтон! Был бы просто потрясён
Красотой таких телодвижений!
РЕБЯТА.
Он был Иван Присыпкин, но в духе парижан
Назвал себя Пьер Скрипкин — а надо было Жан.
На розовый клоповник сменял рабфак и вуз,
А тощих комсомолок — на толстый частный бюст!
Пропал боец, и точка, отрёкся от друзей!
Была бы только дочка, да дочка пожирней!
ИВАН.
А вот он я — рабочий парень Ваня!
А вот он я — законный гегемон!
И значит мне блага положены по званию -
Это исторический закон!
А надо будет — завсегда общий долг исполню я,
Вы ещё узнаете меня!

(Вместе с БАЯНОМ и ЭЛЬЗЕВИРОЙ)

Когда нам в плен сдадутся все буржуи в мире,
Куда ни глянь — кругом один рабочий класс,
Мы заживём в Париже, как в своей квартире,
А Чемберлен пускай работает на нас!
1-ый ПАРЕНЬ.
Из окопов такие тоже устраиваться бегали.
2-ой ПАРЕНЬ.
Только мы их шлёпали!
ИВАН.
Кто? Ты?

1-ый ПАРЕНЬ.
Соглашатель!
2-ой ПАРЕНЬ.
Шрейкбрехер!
ИВАН.
Кто? Я?
3-ий ПАРЕНЬ.
Социал-предатель!
ИВАН.
Врёшь!
ВСЕ.
Трус! Предатель!
ЭЛЬЗЕВИРА.
Среди людей тебя нигде не ждут,
В груди моей найдёшь ты свой приют.
Скажи, что страстно любишь,
И в этом сердце вечно будешь только ты... Скрипочка!

(Вбегает Зоя)

ЗОЯ.
Ваня!
ЭЛЬЗЕВИРА.
Ля-ля-ля — и будешь в сердце только ... Пойдёмте отсюда, Олег.
ИВАН.
Стойте!
ЗОЯ.
Ваня!..
ИВАН.
Был Ваня! А теперь я Скрипкин! Пьер! И как гегемон и член профсоюза, делаю гражданке Эльзевире своё красное предложение!

РЕБЯТА.
Вон отсюда!
БАЯН. *(Довольный)*
Извозчик! Улица Луначарского! С вещами!
ХОР. *(За сценой)*
Дорогому предзавкому, вдохновителю побед,
Товарищу Лассальченко привет! Привет! Привет!
СЕКРЕТАРЬ. *(Входит, кричит за кулисы)*
Обязательно передам!
ИВАН.
И приглашаю на свою красную свадьбу самого товарища Лассальченко!
СЕКРЕТАРЬ.
Обязательно передам!

(Синеблузники приветствуя, провожают секретаря. ИВАН и ЭЛЬЗЕВИРА с вещами уехали. Одна Зоя осталась)

ЗОЯ.
Меня милый разлюбил... сердцу не прикажешь...
Оборвали ниточку... и концов не свяжешь...
Ах, какие смелые! Взяли оборвали...
Вы чего наделали? Чем мы вам мешали?

Ничего нет в жизни слаще, чем найти да полюбить...
Ничего нет в жизни проще, чем прийти да погубить...

Холод, голод, смертный бой — всё-то я видала,
А про этакую боль слыхом не слыхала.
Ох, какая маета — особенно слева!
Что же мне придумать-то, чтобы не болело?..

Ой, вы зачем включили лампочку ни свет ни заря?
Ой, вы зачем порвали ниточку — ведь это жизнь моя!..

КОНЕЦ ПЕРВОГО ДЕЙСТВИЯ

ДЕЙСТВИЕ ВТОРОЕ

КАРТИНА ПЕРВАЯ. КРАСНАЯ СВАДЬБА

РЕЖИССЁР.
Съезжалися к загсу трамваи,
Там красная свадьба была:
Жених был во всей прозодежде,
Из блузы торчал профбилет.

(Занавес пошёл. На сцене — свадебный стол в салоне «Красный вежеталь». БАЯН и МАДАМ)

МАДАМ.
Ну, сколько можно ждать? Их всё нет и нет.
БАЯН.
Какой их ждёт приём!
МАДАМ.
Не надо никого — лишь бы профбилет!
БАЯН.
Надеюсь, он при ём.
МАДАМ.
Не надо ничего — дайте мне патент! Верните мой патент!
БАЯН.
Но, мадам, вы имеете дело не с мальчиком: я же обещал вам, мадам. Сегодня лично товарищ Лассальченко в гости пожалует к вам. Пожмёт вашу ручку, портфель распакует, и преподнесёт вам заветный документ.
МАДАМ.
Ещё бы... за такие деньги! *(Осматривает стол)* Да,

чтоб не забыть. За этим шафером нужен глаз да глаз. Сначала задатком стакан и ни росинки больше. А работу выполнит, тогда хоть из горлышка.

(Музыка. ИВАН, ЭЛЬЗЕВИРА, ШАФЕР, гости)

ШАФЕР.
Граждане товарищи! По случаю красной свадьбы в салоне «Красный вежеталь» я, как красный шафер, позволю себе при новобрачных выразиться так: поздравляю.
ГОСТИ.
У нас прекрасная женитьба красная,
Невеста лучшая — спору нет,
И женишок орёл, хотя и гол сокол,
Но зато есть при нём профбилет!
Ура! Ура и браво! Дорогой товарищ Скрипкин!
Ура! Ура и браво! Дорогая Эльзевира!
Ура, Розалья Пална!
Вам при зяте и билете можно жить на этом свете
Полноправно!
МАДАМ.
Спасибо. Для граждан гостей причёска, бритьё и завивка в нашем салоне будут производиться бесплатно.
ХОР.
Ура!
ГОЛОС.
Ой, дождаться не могу,
Когда замуж я пойду,
Чтобы мать не мучила,
Выйду хоть за чучело!

ШАФЕР.
«Мать»! Кто сказал «мать»? Прошу не выражаться при новобрачных!
БАЯН. *(Ивану, интимно)*
Зарубите на носу, Скрипочка: нельзя навыпуск носить крахмальную рубаху. И запомните, Пьер: не надевайте двух галстуков одновременно, особенно разноцветных.
ШАФЕР.
Граждане товарищи! Разрешите в присутствии новобрачных выразиться вторично: чтоб ваш дом был полной чашей!

(Подношение презентов)

1-ый ГОСТЬ.
Ананасов! — можем. Бананов! — тоже. Кожура малость подопрела, но внутри всё цело, жена неделю ела — и ничего.
БАЯН.
Примите, Розалья Пална.
2-ой ГОСТЬ.
Эти пуговицы в большом дефиците, эти пуговицы застегнут вам что хотите! Нажим большого и указательного пальца — и брюки с вас никогда не свалятся!
ШАФЕР.
Чтобы и брюки у товарища жениха были полной чашей!
БАЯН.
Примите, Розалья Пална.
3-ья ГОСТЬЯ.
Абажуры любой расцветки и масти: голубые — для уюту, красные — для сладострастия!

ХОР.
Какая красота! Вот это да!
4-ая ГОСТЬЯ.
Духи Коти, мон шер э мон пти!
ХОР.
Ах, ах, как это мило! О Пари! О Пари!
5-ая ГОСТЬЯ.
Бюстгальтеры на меху!
ИВАН.
Вот это да! Вот это вещь! Ты смотри, какие чепчики, а?
ЭЛЬЗЕВИРА.
Скрипочка, это не чепчики, Скрипочка, это же лифчики!
ИВАН.
Без глаз я, что ли? Двойной чепчик! Вдруг у нас с тобой двойня родится?
ЭЛЬЗЕВИРА.
Скрипочка, ах как это стыдно!... Скрипочка, двойня — это много!...
ГОЛОС.
Как женился наш Ванёк,
За подарками побёг,
Купил милке канарейку,
Сам остался без порток.
ШАФЕР.
Кто сказал «без порток»? Прошу не выражаться при новобрачных!
ЭЛЬЗЕВИРА.
Нет, нет, мой муж человек с крупными запросами. Он против этого мещанского быту, канареек и прочего — он зеркальным шкафом интересуется.
ШАФЕР.
Граждане новобрачные! Позвольте употребить вы-

ражение: вы — наше лучшее отражение. Но где же, извиняюсь за выражение, будет ваше личное отражение? Примите наш вклад в вашу спальню: зеркальный шкап — и пальму!

(Вносят названное)

ХОР.
Зеркальный шкаф!
БАЯН.
Всё, что вы хотите, вы найдёте здесь!
Ваш паровоз летит по новому маршруту!
Вперёд, друзья! Теперь у вас всё есть
Для отдыха, любви и для уюту!
ХОР.
У нас прекрасная женитьба красная,
Добился Скрипочка законных прав:
Провёл он жизнь в борьбе и заслужил себе
Зеркальный шкаф! Зеркальный шкаф! Зеркальный шкаф!

Всегда приятно, лёжа на кроватке на двуспальной,
Когда стоит у ложа настоящий шкаф зеркальный!
Ура! Ура и браво! Мы желаем вам с мамашей наслаждаться жизнью вашей
полной чашей!
МАДАМ.
Прошу к столу.

(Рассаживаются. Пауза)

ЭЛЬЗЕВИРА.
Начнём, Скрипочка?
ИВАН.
Обождать.

ЭЛЬЗЕВИРА.
Начнём, Скрипочка!..
ИВАН.
Обождать. Я желаю, жениться в организованном порядке и в присутствии почётных гостей, а особенно в присутствии фигуры предзавкома уважаемого товарища Лассальченко. Вот!

(Стук в дверь. Те же и СЕКРЕТАРЬ товарища Лассальченко)

СЕКРЕТАРЬ.
Уважаемые новобрачные, простите за опоздание, но я уполномочен передать вам брачные пожелания нашего руководителя товарища Лассальченко: «Завтра, говорит, хоть в церковь, а сегодня не могу. Сегодня у меня партдень, и хочешь не хочешь, а в ячейку всё равно пойти надо».

(Аплодисменты)

У нас, товарищи, никакого бюрократизма. Все входящие-исходящие на руках. Раз — достаю вашу папку. Два — достаю ваше дело. Три — читаю резолюцию: «При наличии профсоюзного билета в семье, гражданке Ренессанс, как вставшей на правильный путь, патент вернуть».
Дорогому предзавкому, вдохновителю побед, Товарищу Лассальченко привет! Привет! Привет!

СЕКРЕТАРЬ.
Обязательно передам! *(Садится на почётное место)*

ШАФЕР.
Объявляю свадьбу открытой!

ГОСТИ.
Горько! Горько!

МАДАМ.
Товарищи и мусью! Кушайте, кушайте, пожалуйста! Где вы теперь возьмёте таких жирных, шикарных отборных упитанных свиней? Я купила этот окорок на случай войны с Грецией, но войны ещё нет, а ветчина уже портится!
ГОСТИ.
Горько! Горько!
МАДАМ.
Кушайте, граждане! Кушайте, товарищи!

ТОСТ БАЯНА

Я рад! Я счастлив! Мы счастливы все!
Мой друг Пьер Скрипкин, наш товарищ, наш мусье!
На данный момент полного борьбы пути
За свой картонный профбилет — так много сумел найти!
Когда мы стонали под игом вместе с трудящимся классом,
Вместе с товарищем Фридрихом Энгельсом, как и с товарищем Марксом,
Разве могли мы предположительно мечтать,
Или хотя бы мечтательно предположить,
Что Труд самоотверженный
И Капитал поверженный
В прелестном браке будем сочетать?

ГОСТИ.
Горько! Горько!
МАДАМ.
Кушайте, граждане! Кушайте, товарищи!

БАЯН.

О, красота! Это двигатель прогресса,
С ней прелестно, интересно проникать во все места.
Ну был бы я рабочим — я был бы просто Алик Бочкин... Бочкин!
Но как сказал старик Толстой:
Нет, я не Бочкин, я другой!
Олег Баян — повсюду знают о Баяне,
Олег Баян — ему реклама не нужна,
Олег Баян — какой талант и обаянье!
Налей ему бокал шампанского вина.

ГОСТИ.

Олег Баян — какой талант и обаянье!
Налей ему бокал шампанского вина!

БАЯН.

Олег Баян от счастья пьян...

ГОСТИ.

Нальём! Нальём, повторим! Для промывки вашей глотки,
За изящество и негу, хвост сельдя и рюмку водки
преподносим мы Олегу!

БАЯН.

Красота — это мать...

ШАФЕР.

«Мать»? Кто сказал «мать»? Прошу не выражаться при новобрачных!

ГОСТЬ.

Ах, мы хочем! Мы очень хочем! Просим-просим молодых! Первый танец! Культурный танец! пускай какой-нибудь фокстротик перед нами сбацают!

ГОСТИ.

Очень хочем! Очень просим!

(ИВАН и ЭЛЬЗЕВИРА танцуют)

СЕКРЕТАРЬ. *(Глядя на Эльзевиру)*
Однако... какое нежное дарование!

(Не прекращая танца, БАЯН подводит МАДАМ к ИВАНУ, СЕКРЕТАРЯ — к ЭЛЬЗЕВИРЕ)

СЕКРЕТАРЬ. *(Танцуя)*
У вас есть телефон? Ах, у вас нет телефона. У вас будет телефон. А другие бытовые условия? Вы разрешите как-нибудь ознакомиться? Я хочу, чтоб у вас были все бытовые условия. Всякому экстерьеру — свой интерьер. А с вашими... данными нужен другой.... другой масштаб. Эчеленца ... прикажите! Ради вас я готов на всё. А то трудишься, трудишься, и вдруг — такой оазис... Вы моя сифль... сильфида...

ЭЛЬЗЕВИРА. *(В танце)*
Мне снился чудный сон: ко мне явился он,
В английском смокинге он выглядел прелестно,
И руку мне подал, и на танго позвал,
И мы поплыли, поплыли, как волны, под музыку оркестра...
О, как ты нежно, моё танго!
С тобой, конечно, всё так легко!
С тобою ночь светла, с тобой зимой весна,
                с тобой всегда мечта!..

Я прям не знаю, как — мы танцевали так,
Что все глядели и стонали от восторга!
Он на виду у всех меня окутал в мех,
И мы уплыли на яхте на остров и там пробыли долго...

О, как ты нежно, моё танго!
С тобой, конечно, всё так легко!
С тобою ночь светла, с тобой зимой весна,
                с тобой всегда мечта!..

(Танго кончилось)

Ах, поставьте вальс «Тоска Макарова по Вере Холодной»! Это так шарман! Ах, это надо душой понимать!..

ШАФЕР.
«Мать»? Кто сказал «мать»? Прошу не выражаться при новобрачных!

БАЯН.
Съезжалися к загсу трамваи!
Там красная свадьба была!
Жених был во всей прозодежде,
Из блузы торчал профбилет!

ХОР.
Эх, свадьба прекрасная — вся такая красная!
Гости прекрасные — все такие красные:
Значит, дело ясное — выпили до дна!
А невеста белая стала вся вспотелая,
Стала вся румяная, тоже, видно, пьяная,
Но не от вина!
Красная ветчина, красные раки,
Красная перцовочка на красном пиру!
У нас подход классовый, а подъём массовый!
К нам не придерётся даже ГПУ!
У нас подход — классовый! А подъём — массовый!
Лучшее — общество! Высшее — качество!
Всё сожрём — дочиста! Всё допьём — начисто!
Под красную икру!

(Всеми забытый в стороне мыкается ИВАН)

ИВАН.
Эх, Ваня... Куда ты попал?... Куда тебя попали?

(Задумчиво)
Съезжалися к загсу трамваи... там красная свадьба была... Прощай, дорогая подруга — другая мне будет женой.

(Хватает гитару, поёт, обращаясь сначала к ней)

Запою, замлею... обольюсь слезой...
Без вина хмелею, когда ты со мной...
От судьбы фортуны не уйдёт никто...
Только трону струны — на душе легко!
Ой, да тари-тари тари-ра — ой да на гитаре — до утра!

ГОСТИ *(Повторяют последнюю строку)*
Кони резвые мои, кони вороные,
И куда ж вы кони занесли сани расписные?
Один раз на свете жить — один раз кончаться,
Не гляди, что будет впереди... ой, как кони мчатся!
ИВАН.
Запою-замлею, обольюсь слезой,
Без вина хмелею, когда ты со мной,
Запою-замлею, будешь ты моею,
Выпьем, что ли по одной!

Ой, вы, кони-кони, кони-соколы,
Близко, далеко ли, ой далёко ли?
Ой, вы кони, кони — близко, далеко ли,
Выпьем, что ли, по второй!

Кони укатили, улетели вдаль,
Я сижу в трактире, на душе печаль,
Ой, душа девица, погоди, постой:
Дай мне похмелиться — и я буду твой!

ХОР.
Ой, да тари-тари ра! Ой, да на гитаре до утра!
ИВАН.
Кони резвые мои, кони вороные,
И куда ж вы, кони, занесли сани расписные?
Один раз на свете жить — один раз кончаться,
Не гляди, что будет впереди... Ой, как кони мчатся!
ГОСТИ.
Браво! Браво! Ай да профсоюзник! Просто как Шаляпин! Ещё даже лучше!
МАДАМ.
После революции, милый зять,
Настоящих кучерявых негде взять!
Шиньон-гофре делать не умеют,
Шиньон-гофре — это делается так:
Берутся щипчики и нагреваются, а дальше силь ву пле:
Вам на макушке навивается волосяной суфле!
Берутся щипчики... берутся щипчики...

(ИВАН заметил, что ЭЛЬЗЕВИРУ бурно обхаживает СЕКРЕТАРЬ)

ИВАН.
Ишь ты! Ну и ну! То-то я смотрю: он мою жену словно как свою...
БАЯН.
Ладно, ладно, перестань! Он же всё же секретарь — неужели ты не видишь?
ИВАН.
Я что — без глаз? Как врежу щас!
БАЯН.
Тихо-тихо, идиот! Он же встанет и уйдёт, если ты его обидишь!

ИВАН. *(Секретарю)*
Ты что ж это моей жене в грудь тычешь? Это же селёдка, а не хризантема!
СЕКРЕТАРЬ.
А вы лососиной нас не угощали!
ХОР.
А вы лососиной нас не угощали!
МАДАМ. *(Оттесняя ИВАНА)*
Берутся щипчики! Берутся щипчики!
ИВАН.
Нет, я щас врежу!
БАЯН.
Не надо врежу!
ИВАН.
Как врежу в рожу!
БАЯН.
Не надо в рожу!
ИВАН.
И в рожу вмажу! И в ухо врежу!

(Бьёт кулаком по столу)

СЕКРЕТАРЬ.
Гражданин! Так ведь можно и стол поломать!
ШАФЕР.
«Мать»! Ты сказал «мать»!
ИВАН.
Да я тебе такую лососину покажу, что и родная мать...
ШАФЕР.
«Мать»! Ты сказал «мать»!
МАДАМ. *(Обняв плачущую дочь)*
Вы оскорбляете в её лице девушку и будущую мать, сукин сын!

ШАФЕР.

Кто сказал «сукин сын»???

ГОСТИ.

Бетховена! Шакеспеара! Камаринского! Эй, Ванька! Даешь цыганку!

ХОР.

А ну, давай, Ванюша, это дело кончим миром!
А ну, давай, Ванюша! Ну не будь ты сукин сыном!
А ну, давай, Ванюша!
Ну-ка, Ванечка, цыганочку, Ванечка, цыганочку попляши нам!

ЭЛЬЗЕВИРА.

Пляши.

(Танец ИВАНА. Входит ЗОЯ. ИВАН всё пляшет)

ЗОЯ.

Ваня!... Как же так... ведь жить хотели... работать хотели...

МАДАМ.

Чего вы цепляетесь за моего зятя?

ЗОЯ.

Он мой!

ГОСТЬЯ.

Она, видать, с дитём...

ГОСТЬ.

Поматросил и бросил.

МАДАМ.

А! Она-таки с дитём! Я ей заплачу алименты, но я разобью ей морду!

(Гвалт)

ЗОЯ. Ваня!..

ИВАН. *(Прекратил пляску)*
Гражданка! Наша любовь ликвидирована. Не мешайте свободному гражданскому чувству, а то я милицию позову.

(Гости теснят Зою к выходу. Зоя вынула наган. Все шарахнулись. Выстрел. Зоя падает)

ГОЛОСА.
Скорее скорую!.. Скорее скорую!..
ЗОЯ. *(Слабеющим голосом)*
Ниточки, тонкие ниточки... очень вы, ниточки, тонкие... если порвётесь вы, ниточки... сердце порвётся.... моё.

(Умирает. Все застыли)

ТРАГИЧЕСКАЯ ПЕСНЯ ИВАНА

Ох, беда моя, беда... завела меня куда... э-эх!
Потерял я милую... не увижу никогда... э-эх!
Что ж вы смотрите, ребята? Помогите как-нибудь... э-эх!
Ничего-то мне не надо — лишь бы милую вернуть! ..э-эх..
Ой, как проехать к той аптеке, где живая есть вода?
Лишь бы ты со мной навеки, а уж я-то навсегда...

Ходил Ваня тёмным лесом, попал Ваня в лапы к бесам — э-эх!
Заморочили Ванюшу — реквизировали душу — э-эх!
А квитанцию в конторе прямо к сердцу прикололи — кнопкой!
Ваня плачет и рыдает, пусто место заливает — стопкой!

Гражданские Мотивы

Ой, потушите ваши лампочки — не вижу ничего!
Ой, отцепите ваши кнопочки от сердца моего!

Ой, вы, кони мои — вы куда завезли Ваню?
Весь по горло в грязи, а просил отвезти в баню!
Умолял, говорил, и делов натворил — столько!
Всё не так, всё не в лад — виноват! виноват! горько!

Ой, на Казанском на вокзале меня поезд задавил!
Что ж вы раньше не сказали — я туда бы не ходил!

Эх вы кони мои, эх вы далеко ли, кони?
А вдаль за порог да вдоль поперёк — кони!
Трень-брень, трали-вали, что имели потеряли — горько!
А нам горя мало, ты лети куда попало — тройка!

Ну не молчите! Где я? Кто я? Объясните, чтоб не жгло!
Ой, что-то было дорогое... что-то было, да прошло!...

Ой, боже-боже! до чего же тошно!...
Да ведь так и с ума сойти можно...
В петлю голову засунуть... скушно!
Но ведь что-нибудь придумать — нужно!

Ой, братцы граждане-гражданочки, в глазах моих черно!
Да потушите ваши лампочки — не вижу ничего!!!

(Устраивает полный разгром. В результате — пожар. Сирена. Пожарники)

ХОР ПОЖАРНЫХ.
Эй, пожарнички, воды давай! Ударнички — сама пойдёт!
Эй, качай во все лопатки! Не жалей воды, ребятки!
Пущай себе текёт!
Ни на что не смотря — эх! Люди пьянствуют зря — грех!
Пьют как воду зелёное зелье!
Вот и плещется им из пожарного шланга струя
На похмелье.
И по пьянству горят — эх! И без пьянства горят — грех!
А бывает, горят и без дыма.
«Не шутите с огнём!» — это людям всю жизнь говорят,
А всё мимо...

Эй, пожарнички, воды давай! Ударнички — сама пойдёт!
Веселились, было дело — всё давным-давно сгорело,
Осталася зола...

(Ушли)

КАРТИНА ВТОРАЯ

(Пауза. Выходит РЕЖИССЁР)

РЕЖИССЁР.
Своею работой на сцене
Хотели мы выразить вам,
Насколько быть может смертельным
Стремленье к зеркальным шкапам.

Насколько ужасен для нас и для вас
Отрыв от трудящихся масс!
Что только в едином строю
Найдёшь ты дорогу свою!

ХОР АКТЁРОВ.
Поступью железной, дружно как стена,
Мы шагаем вслед за — невзирая на!
Мы горды своими — и вперёд глядя,
Отдаём во имя — и на благо для!

И чувствуем мы как всегда
Наш локоть и наше плечо!
Сегодня мы как никогда!
А завтра — гораздо ещё!
Ещё! Ещё! Ещё!

(Уходят)

(На сцене — один БЕСПРИЗОРНИК)

БЕСПРИЗОРНИК.
Смотрите, граждане, смотрите, люди!
Хотя бы глазом гляньте на меня:
У всех на свете папа есть и мама,
А я один, я — горький сирота.
Кому я нужен, бедная сиротка?
Пойду на рельсы лягу поперёк.
А на моей могилке напишите:
«Он мог бы жить как люди, но не смог».

КОНЕЦ

ГРАЖДАНСКИЕ МОТИВЫ

ДИАЛОГ О СОВЕСТИ

— Я недавно сделал открытие:
Открыл я недавно словарь —
Оказывается, «совесть —
Это нравственная категория,
Позволяющая безошибочно
Отличать дурное от доброго».

— Но как же быть, когда идёт игра,
Партнеры лгут, блефует кто как может,
И для победы правды и добра
Тебе солгать необходимо тоже —
И как же быть тогда?

— Я понимаю... Я только говорю, что совесть —
Это нравственная категория...

— Но как же быть, когда идёт борьба
За идеал и лучшие надежды?
Ну, а в борьбе нельзя без топора,
А где топор — там щепки неизбежны.
И как же быть тогда?

— Да-да, конечно... Я только говорю, что совесть —
Это нравственная категория...

— Но если все охвачены одним
Безумием — не на день, а на годы?
Идёт потоп — и он неудержим
И увлекает целые народы!

Так что же может слабый человек
В кошмаре, чей предел непредсказуем?
Что может он, когда безумен век?
И кто виновен в том, что век безумен?
Кого судить?
Кому судить?
За что судить?

— Я не знаю! Я только знаю, что совесть —
Это нравственная категория,
Позволяющая безошибочно
Отличать дурное от доброго!

РАЗГОВОР С БАТЕЙ

Расскажи ты мне, батя, по-честному,
Пока солнце твоё не зашло,
По какому закону чудесному
Ты в тайге доходил ни за что?

Объясни мне загадку проклятую —
Ну никак не приемлет душа:
Почему эту сволочь усатую
Столько лет вы терпели, дрожа?

Может, мы бы хоть что-нибудь поняли,
Кабы правда, по воле своей,
Вы шпионили в пользу Японии
И пытались взорвать Мавзолей.

Но ведь вы, победители Гитлера,
Патриоты, бойцы, силачи —
И под этого карлика хитрого,
Сухорукого, молью побитого,
Когда рожа, и взгляд, и весь вид его...
Ладно, батя. Молчишь — и молчи.

И молчи, и носи, и донашивай
Груз позора и бремя стыда.
Но с меня ты уж, батя, не спрашивай
Ничего.
Никогда.

АФГАНСКАЯ ПЕСНЯ

Нас послали в ловушку подальше от базы,
Ниоткуда подмоги нам не было ждать.
Но приказы, ребята, на то и приказы,
Чтоб сначала исполнить, а потом обсуждать.

Припев:
Огонь Афгана навек оставил
На наших душах свой страшный след.
Огонь Афгана нас жёг и плавил,
И крепче сплава на свете нет!

Смерть была перед нами, смерть была за спиною,
Смерть за каждой стеною с автоматом ждала.
Ни единой минуты мы не знали покоя,
И в ответ всё живое мы сжигали дотла!

Припев:
Огонь Афгана навек оставил
На наших душах свой страшный след.
Огонь Афгана нас жёг и плавил,
И крепче сплава на свете нет!

Нам плели небылицы про защиту границы
И про дружбу народов не жалели вранья,
Но для нас-то, ребята, лишь одно было свято:
Жизнь родного отряда — и конечно своя!

Припев:
Огонь Афгана навек оставил
На наших душах свой страшный след.
Огонь Афгана нас жёг и плавил,
И крепче сплава на свете нет!

ГАЛИЛЕЙ ПЕРЕД ПЫТОЧНОЙ КАМЕРОЙ
(монолог сопровождающего)

— Послушай, Галилей,
Ну что ты так упёрся?
Как будто в жизни сей
Ты плохо пообтёрся.
Что гелио, что гео, —
Не всё ли нам равно?
Кормило бы да грело
И денег не брало!

Притом ещё учти,
Что в массе закоснелой
Земля для всех почти
Плоска, как блин горелый.
Ведь тока-тока-тока
Сказали нам об ней,
Что тоже круглобока.
Но всё же всех главней!

Ведь наш Верховный Поп
Стрижёт свои проценты
С того, что мы, как пуп,
Находимся по центру,
А Солнце, как Венера,
Такой же сателлит.
Ну, чем плохая вера?
Ну что тебя свербит?

Но что смешней всего,
Хоть шеф и отрицает,
Но что вокруг чего,
Мне кажется, он знает,

Но точно так же знает,
Что будет на мели,
Как только он признает
Вращение Земли!

Ведь вот всё дело в чем:
Вращается — и пёс с ней.
Но лишь бы не при нём,
А, скажем, сразу после.
Отбросьте сантименты,
Поймите, силь ву пле,
Что ежли мы не в центре,
То он — не во главе!

А, между прочим, шеф —
Не зверь, а так, слегка лишь.
Он не желает жертв,
Но ты ж его толкаешь!
Ведь все твои догадки
Изустная печать
Разносит без оглядки —
Ну что б тебе смолчать?!

Что ж, раз уж ты посмел
Так истиной увлечься,
То будь настолько смел
При всех от неё отречься, —
А там — шуруй, как знаешь,
Спокойно,
Без потерь...
А?
Нет?
Тогда, товарищ,
Пройдёмте в эту дверь.

СОЛОВЕЦКИЕ ЧАЙКИ

Чайки летят.
Чайки летят, летят
Над серой водой
Над чёрной водой
И над пронзительно-синей.
Чайки летят, летят,
На Россию глядят, глядят,
Ибо нет ничего красивей
И невыносимей!..

Чайки летят, летят,
Но сколько бы им ни лететь,
Никуда им отсюда не улететь,
Никуда не деться.

Сколько бы им
Оттуда сюда ни глядеть,
Не наплакаться им,
Не забыться —
И не наглядеться!
Ибо нет ничего красивей
И невыносимей
Этой синей волны,
Этой серой воды,
Этой чёрной беды...

ИЩИ ЕГО

Вот идёт мужик с человеческим лицом,
Вот идёт мадам с человеческим лицом,
Вот сидит макака
           с человеческим лицом,
Вот бежит собака
           с человеческим лицом,
Вот растёт банан
           с человеческим лицом,
Вот шумит вулкан
           с человеческим лицом...
Посреди межей, рубежей и границ
Очень много очень человеческих лиц.

Отчего же — ведь вот не пойму —
Невозможен в родимом дому
Ни социализм с человеческим лицом,
Ни капитализм с человеческим лицом,
А возможна только рожа,
Которая вечно
           Исключительно бесчеловечна.

А ведь где-то было пресловутое лицо.
Но куда-то делось,
           завалилось за крыльцо,
Или за плинтус, или под дверь...
Ищи его теперь,
Ищи его теперь...
Ищи! Ищи!

ЗАБУДЬ БЫЛОЕ

И вот приходит грозный муж, зубами скрипя:
— Ты где и с кем вчера была? Совсем забыла стыд?
Выкладывай всю правду, а то я тебя!
А жена ему и говорит:
— Утю-тю-тю-тю!

Зачем былое ворошить?
Тебе так легче, что ли, жить?
Вот тебе пиво и ветчина,
А что вчера было, — то было вчера!

И вот приходит педагог, очками блестя:
— Ответьте, кто такой Нерон и кем разрушен Рим?
Скажите хоть, когда и где распяли Христа?..
А мы ему и говорим:
— Утю-тю-тю-тю!

Зачем былое ворошить?
Тебе так разве легче жить?
Вот тебе пиво, еда, вино,
А что когда было — то было давно!

— Вчера, конечно, мы с Нероном — утю-тю-тю!
Весь Рим сожгли и Карфаген уделали дотла!
Там был какой-то малый — он нёс галиматью,
Так мы его живьём к столбу гвоздями... Мда...

Зачем былое ворошить?
Кому так легче будет жить?
Новое время — по нашим часам!
Пойдём лучше в гости:
У наших соседей
Родился чудный мальчик!
Назвали — Чингисхан.

БАЛЛАДА О ЧЕСТИ

Взойди на корабль, поставь паруса и с Богом в дорогу.
А нет корабля — садись на коня и трогайся в путь.
На время забудь дорогу к родному порогу,
А боль и тревогу — смотри, испытать не забудь.
Тревогу и боль, надежду и страх, восторг и обиду,
Души не жалея, себя не щадя — тогда только лишь
Пройдёшь Рубикон, найдёшь наконец Атлантиду,
Герой и красавец — Мадрид очаруешь, Париж покоришь!

Взойди на корабль,
Садись на коня,
Посмотрим, какая фортуна твоя!

Ты встретишь друзей, ты встретишь
                врагов — врагов будет больше.
Всегда начеку — распутывай сеть, рассчитывай шаг.
На подлый удар — ответ, беззастенчивый столь же,
Обман на обман, донос на донос — или как?
А если не так, какой там Париж? Не будет Парижа.
Ни пышных палат, ни высших наград, ни покрышки ни дна.
Одна только честь — ни денег тебе, ни престижа,
Одна только честь — как жизнь или смерть — одна.

Взойди на корабль,
Садись на коня,
Посмотрим, какая фортуна твоя!

БАЛЛАДА О ВЫБОРЕ

Мы знаем: премудрой судьбой
Расписано всё посекундно.
Вот фазы Луны и Сатурна
Сошлись — и не двинуть рукой.
Но даже и в час роковой,
Когда бы и где бы ты ни был, —
    Твой выбор
        Всегда за тобой.

Колдунья волшебную смесь
Готовит в серебряном тигле.
Минута — и вот мы постигли,
Что было, что будет, что есть.
И голос был ночью глухой,
И жребий, казалось бы, выпал,
    Но выбор
        Всегда за тобой.

Да, жизнь к негодяям добрей,
Капризны её повороты,
Она расточает щедроты
Героям окольных путей.
А что на дороге прямой?
Ухабы одни и ушибы....
    Что ж, выбор
        Всегда за тобой.

Вот наша особая честь!
Вот вечная наша забота:
Всё время чему-нибудь что-то
Обязаны мы предпочесть!
Ложь — истина, да или нет,
Бесчестие или погибель —
    Твой выбор.
        С тебя и ответ.

МОЯ МАТУШКА РОССИЯ

Моя матушка Россия
Пошла утром на базар,
Торганула в магазине
С-под прилавка самовар.

Весь такой изысканный,
«Маде ин Джапан»,
По бокам транзисторы,
Двадцать один кран!

Моя матушка Россия
В него водки налила,
Апельсином закусила,
Мне по жопе поддала:

— Ты чего там делаешь,
Нос отворотил?
Со мною выпить гребуешь —
Кто тебя родил?

Ой, ты, матушка Россия,
Хоть раз выслушай меня:
Кьеркегор, Фурье, Мессия,
Сен-Симон, vous comprenez?

Хоть кругом материя,
А я не гляжу:
Я середь безверия
Веру нахожу!

Моя матушка Россия —
Чай, с дипломом депутат, —
Замминистра пригласила, —
Ведь у ней везде есть блат!

— Вы с мово сыночика
Не спускайте рук!
Правда, вы не очень-то —
Мож, сам сопьётся вдруг?..

И упекли меня в Лубянку,
Там я плачу без конца —
Больно жалко мне маманьку,
Больно убивается:

— Ах ты, семя сучее!
Ну, весь как есть в меня!
Ну, сколь его не мучаю —
Всё ставит из себя!..

Я и раз, ещё раз —
Ставит из себя!..
И под дых, и под глаз —
Ставит из себя!..

И дубьём, и добром,
И отдельно, и гуртом,
И галоперидолОм —
Ставит из себя!..

А ведь я постарше буду —
Тыщу лет, ни дать, ни взять!
Я ж прошу тебя, иуду,
Уваженье оказать!..

Так пей со мною, скважина!
Пей со мною, тля!
Чтоб не ты меня жалел,
А чтоб я — тебя!..

АНГЕЛЫ

Не то на белых парашютах,
Не то на белых облаках
Они повсюду нам являлись
На наших жизненных путях.
А мы размахивали флагами,
А мы блудили или бредили,
А это были ангелы — ангелы!
А мы и не заметили.

Они нас булочками пичкали
И отбирали наркоту,
А нам они казались птичками,
И мы их били на лету.
Они читали нам Евангелье
И предлагали нам бессмертие,
А мы футбол гоняли в Англии,
А мы охотились в Кахетии.
А это были ангелы — ангелы!
А мы и не заметили.
А это были ангелы.
А мы и не заметили.

ДОН КИХОТ

Шлем, да панцирь, да седло, бинт, бальзам, примочка...
Есть такое ремесло — рыцарь-одиночка.
Путешествуй там да сям, выручай кого-то
И всё время действуй сам — вот и вся работа.

Одинокий паладдин жалости достоин.
Всем известно, что один — во поле не воин.
Что же гонит вдаль его, где сидит пружина?
Может, просто он — того, вот и вся причина?

Право, если рассудить, — это сумасбродство.
Плетью обух колотить, что за донкихотство?
Смертным потом изойдёшь — никакого толка,
Только сгинешь ни за грош, вот и вся недолга.

А он скачет напролом, храбро и наивно,
Драться с подлостью и злом, а то жить противно.
И ни славы никакой, ни наград не надо.
Что поделать — он такой.
Вот и вся баллада.

СВОИМ ПУТЁМ

Когда тобою решено
Достигнуть благородной цели,
То остается лишь одно:
Осуществить мечту на деле.

И вот, покинув отчий дом,
Идёшь, исполненный отваги.
И пусть овраги, пусть коряги —
Ты всё равно идёшь своим путем,
Ты всё равно идёшь своим путем.

Попутчик твой в болото влез,
Другой обратно ковыляет,
А третий шёл — и вдруг исчез...
Примеры эти впечатляют!

И вот всё думаешь о том,
Что мало сил и дело плохо,
И что вообще не та эпоха,
И ты напрасно шёл своим путём,
И все равно идешь своим путем.

То круто вверх, то резко вниз,
Опять полез — и вновь расшибся.
А слева смех, а справа свист:
«Эй, признавайся, что ошибся!»

А ты всё дальше напролом,
И видишь сквозь туман и слёзы —
Всё шире даль, всё ближе звезды,
И ты не зря шагал своим путём!
И ты всегда шагай своим путем.

Зиновий Гердт и Юлий Ким

ИСТЕРИЧЕСКАЯ ПЕРЕСТРОЕЧНАЯ

Ну, ребята, — всё, ребята,
Нету ходу нам назад,
Оборвалися канаты,
Тормоза не тормозят.

Вышла фига из кармана,
Тут же рухнули мосты,
А в условьях океана
Негде прятаться в кусты.

И дрожу я мелкой мышью
За себя и за семью:
Ой, что вижу! Ой, что слышу!
Ой, что сам-то говорю!

Как намедни на собранье
Что я брякнул — не вернёшь...
Вот что значит воздержанье,
Вот что значит невтерпёж!..

И я чую, как в сторонке
Востроглазые кроты
Знай фиксируют на пленке
Наши речи и черты.

Зубы точат, перья тупят,
Шьют дела и часа ждут,
И, уж если он наступит,
Они сразу к нам придут.

И прищучат, и прижучат,
Сапогами застучат,
Отовсюду поисключат
И повсюду заключат.

Встанешь с видом молодецким,
Обличишь неправый суд...
И поедешь со Жванецким
Отбывать, чего дадут.

Ибо всё же не захочешь
Плохо выглядеть в глазах,
Значит, полностью схлопочешь,
Так что, братцы, дело швах.

Так что, хлопцы, нам обратно
Ветер ходу не даёт.
Остаётся нам, ребята,
Только двигаться вперёд!..

КАПРИЗНАЯ МАША

— Ах, Машенька, Маша,
Зачем ты грустна?
Грачи прилетели,
Повсюду весна!

— Да!..
А бедный чижик —
Он всё сидит в клетке,
Не поёт, не скачет,
Плачет!..

— Ах, Машенька, Маша,
Да ладно тебе!
Смотри, как всё краше
Живётся везде:
И в море, и в поле —
Вперёд, к рубежам!
И глянь, сколько воли
Ежам да стрижам!

— Да!..
А бедный чижик —
Он всё сидит в клетке,
Не поёт, не скачет,
Плачет!..

— Ах, Машенька, Маша,
Да ты посмотри,
Какие проблемы
Вокруг и внутри:
Хлеба не родятся,

Пылает Бейрут,
Тайфун над Флоридой —
И страшно крадут,
Страшно крадут!
Пора избавляться
От прошлых отрыжек!

— Да!
Ну, вот же — чижик!
Он всё сидит в клетке!
Не поёт, не скачет —
Плачет!

— Ах, Машенька, Маша,
Маруся, Мари...
Ты прям как не наша!
Ты, Маша, смотри!
Ну, разве так сложно
Понять про себя:
Что можно — то можно,
Что нет — то нельзя!
А впрочем, что можно
В текущие дни,
Значительно больше,
Чем раньше — ни-ни.
В конце пятилетки,
Не этой, так той...

— Да!..
А бедный чижик —
Он всё сидит в клетке,
Не поёт, не скачет.
Я так не могу!..

КАДРИЛЬ ДЛЯ МАТИУСА РУСТА

Здравствуй, киндер дорогой,
Гость, никем не чаемый,
В нашей склоке мировой
Голубок отчаянный!

Прилетел, настрекотал,
Крылышки расправил,
Агромадный арсенал
Сходу обесславил!

Ждать не может человек
Череду столетий:
— Надоел двадцатый век,
Хочу тридцать третий,

Где ни пушек, ни границ,
Ни плохой погоды,
Где не меньше, чем у птиц,
У людей свободы!

Генералы ПВО,
Вам навек спасибо:
Не убили вы его,
А ведь как могли бы!

Молодец Матюша Руст,
Пошутил по-русски:
И смышлёный, и не трус,
И сидит в кутузке!

Партия, правительство,
Есть такое мненье:
Отпустите вы его
В виде исключенья.
Это будет торжество
Нового мышленья!

ПИСЬМО ВЕЛИКОГО КНЯЗЯ МОСКОВСКОГО В ЛИТВУ КАЗИМИРЕ ПРУНСКЕНЕ

Казимира, Казимира,
Ты почто мне изменила,
Ты зачем так подкузьмила,
Казимира, мою власть?
Это всё Ландсбергис Витька,
Вот кого бы застрелить бы!
Но ведь Польша сразу взвоет
Да и Франция не даст.

Казимира, Казимира,
Ты мне семью разорила.
Ишь, распелась, как Жар-птица,
Растревожила гарем!
Я, конечно, дал свободу,
Но отнюдь не для разводу,
А чтоб ещё тесней сплотиться,
А ты думала — зачем?

Казимира, Казимира,
Ты меня прям изумила,
Ты, наверно, возомнила,
Казимира, о себе?
Ну, конечно, возомнила:
Вон как быстро всё забыла,
Чего, честно, Казимира,
Не скажу я о себе.

Я не Йоська с Риббентропкой
И не Лёнечка с Андропкой:
На трёх стульях одной попкой
Усиди, едрена вошь!
Очень трудное сиденье!
И скажу тебе, Прунскенья,
Что от нового мышленья
Помаленьку устаёшь.

Так что завтра вам, заразам,
Нашим княжеским указом
Отключаю воду с газом,
Подавляя тяжкий вздох.
Казимира, Казимира!
Ну, ты, наверно, сообразила,
Что ты сама себя казнила,
А что мог, то я и делал,
По-другому не умею,
Не учился никогда.

1990, весна

НЕТ ДЕНЕГ

Какие роскошные планы, какие проекты на тысячу лет!
Разгон облаков, орошенье Сахары, освоенье планет!
И всё это важно, и нужно, и должно, и очень давно!
Но
Всё упирается только в одно:

Нет денег.
Нет денег. Денег. Денег! Денег!
Денег нет.

Да ладно, какие там планы, проекты и прочая муть,
Когда всего-навсего надо бы руку в беде протянуть!
Мы братья по крови, коллеги по жизни, друзья по судьбе —
Так что же,
Поможем? Ты мне, я тебе? А?

Нет денег.
Нет денег. Денег. Денег! Денег!
Денег нет.

Да ладно, какие там деньги, известно же каждому:
                                      счастье не в них.
От них только зависть и злоба, убийство одними других,
От них деградация духа, от них девальвация вкуса,
Всемирная пошлость, как жирная шлюха, вползает на трон!

Нет денег.
Нет денег.
Нет денег.
Пшёл вон.

КАРУСЕЛЬ

Прибежали босиком, в огороде врыли кол,
Три-четыре — прицепили для вращения кругом
Двух слонов, двух лошадок, двух жираф и двух гусей,
Посмотрели — всё, порядок — и пустили карусель.

Заскрипели древеса заводного колеса,
И пошли и побежали, побежали без конца
Два слона, две лошадки, две жирафы, два гуся
Через грядки без оглядки, глазом во поле кося.

А хозяин с бородой: «Ай, смотри, народ честной!
Во хреновина какая, чай не видели такой!
Гуси-лебеди, лошадки, две жирафы, два слона!
И все прямо без оглядки — но при этом никуда!»

Прибежали сто детей посмотреть на карусель,
Поглядели, погалдели да и сели на гусей,
На слонов, на жирафов, на лошадок и коней,
Покатались, испугались и домой пошли скорей.

А хозяин, сукин сын: «А я чхал на ваш алтын!
Не хотите — как хотите, покатаюсь один
На слоне, на жирафе, либо через одного.
Во хреновина какая, больше нет ни у кого!»

В огород сержант пришёл и составил протокол,
И согласно протоколу взял и выворотил кол.
Гуси — в пруд, кони — в поле, две жирафы — сразу в лес,
А слоны махнули в Индию, в город Бенарес!

МОЛИТВА О МИРЕ

Господи, помилуй!
Господи, не погуби!
Не допусти до последней погибели род человечий!
Сжалься, подвигни суровые души к любви и согласью,
Дай устоять перед злом и соблазном,
                            Отец наш предвечный,
Не наказуй неразумных людей окончательной казнью!

Господи, не погуби!
Сжалься, всеправедный Отче!
Ведаем мы, что творим, что делаем — всё разумеем,
Но неизбежен, как рок, мрак наступающей ночи.
Боже!
Спаси!
Вразуми!
Ты же видишь, что мы не умеем...

ГОЛОС.
Но как же так... Вы знаете давно,
Где свет... где мрак... что зло и что добро.
И вам дана свобода — выбирать.
И я её не в силах отобрать.
Иначе вы не будете людьми.
Иначе невозможно быть людьми!..

Я КЛОУН

Я клоун!
Я затейник!
Я выбегаю на манеж не ради денег,
А только
Ради смеха:
Вот это клоун! Вот потеха! Вот чудной!
Быть может,
Когда я — вот он,
Одной печалью станет меньше у кого-то.
Выходит,
Ровным счётом
На свете больше станет радостью одной!

Я клоун!
Весёлый клоун!
Я этой шапочкой навеки коронован:
Ну, разве
Я не прекрасен?
Вот это клоун! Вот потеха! Вот чудной!
Давайте
Поля сражений
Объединим в один манеж для представлений!
Я выйду
На середину,
И вы, как дети, смейтесь, смейтесь надо мной!

Виктор Семёнович Берковский, Булат Шалвович Окуджава, Юлий Черсанович Ким

ОДНАЖДЫ МИХАЙЛОВ

ОТ АВТОРА

В 1969 году, в силу причин, описанных ниже, я обзавелся псевдонимом «Ю. Михайлов» и просуществовал под его прикрытием 16 лет, пока Булат Окуджава своей статьей («Запоздалый комплимент», Литературная газета,1985 г.) не отмахнулся от «Михайлова», как от надоевшей мухи: мол, какой он, к чертям, Михайлов, когда всем известно, что это Ким. С тех пор я вернулся к своей натуральной фамилии окончательно и совсем было забыл о ненатуральной. Как вдруг на одном из выступлений получаю записку: «А мы так и думали, что Михайлов — это Михайлов, а вы, оказывается, Ким».

В этом слышалось разочарование. Видно, что людям представлялось нечто более симпатичное. С другой стороны, я впервые посмотрел на Михайлова как на отдельное от меня существо — с которым, однако, случилось ровно всё то же, что со мной. Отсюда был уже шаг до мысли рассказывать о времени и о себе в третьем лице.

И я написал серию воспоминаний под общим заглавием: «Однажды Михайлов...» — и пополняю её время от времени. С точки зрения достоверности — всюду, где я пишу «Михайлов», можно смело ставить «Ким». С точки же зрения литературной — если бы я писал от первого лица, то кое-чего не мог бы себе позволить — например, похвалиться:

«И тогда я сочинил изумительное стихотворение».

Это звучит неприлично. Но замените «я» на «Михайлов», и неприличие исчезает.

Итак. В предисловиях часто читаешь: «Все имена и события вымышлены, за случайное совпадение с реальными фактами автор ответственности не несет». Здесь же я смело могу перевернуть:

«Все имена (кроме Михайлова) и события полностью и принципиально достоверны. И автор, безусловно, несёт ответственность за случайное несовпадение их с действительной жизнью».

Юлий Ким

ШЕКСПИРОВСКИЕ СТРАСТИ В 1968 Г.

Однажды солнечным весенним днём в Москве у Никитских ворот Михайлов был окликнут. Оглянувшись, он увидел Петра Фоменко — человека невероятного. Коротко о нём не расскажешь. Кто-то назвал его Мейерхольдом нашего времени. Так и оставим. Небось, он не станет возражать.

Жизненный путь его был извилист по рисунку и прям по вектору. То есть все зигзаги стягивались в одно неуклонное русло событий: служение театру. И в начале поприща, когда Пётр Наумыч именовался запросто Петей, занесло его ненадолго в Московский пединститут, куда поступил однажды и Михайлов — желторотый провинциал, взиравший на институтских мэтров с восторгом, доходившим почти до раболепия.

Привезя с собой в столицу десятка два стихов, Михайлов постучался с ними в институтское литобъединение, где царили Визбор и Ряшенцев. Настал день посвящения в члены. Мэтры и дебютанты собрались в аудитории. Михайлов трясся в своём уголке, как вдруг все оживилось и просияло: вошёл Фоменко. И хотя одет он был, безусловно, по правилам XX века, Михайлов всю жизнь утверждал: он вошёл, вдохновенный, в крылатке. Так он вошёл. Здороваясь, обвёл компанию синими своими глазами, вмиг угадал состояние Михайлова, подошёл, приобнял за плечи и сказал, дружеским жестом обведя собравшихся:

— Ты их не бойся. Против тебя они все говно.

Мэтры заржали, а Михайлов ободрился. Впоследствии их знакомство превратилось в пожизненную дружбу, хотя после института виделись они не часто.

Но вот весной 1968 года на углу Герцена и Тверского бульвара невероятный человек Фоменко сделал Михайлову невероятное предложение: написать для комедии Шекспира «Как вам это понравится» сколько угодно вокальных сцен и номеров.

Чтобы оценить этот луч света, надо бы взглянуть на тёмное царство тогдашнего Михайловского положения.

Оно было странным. Попробуйте представить себе ситуацию, когда человеку позволяют и в то же время запрещают работать.

Причиной явилось участие Михайлова в том стихийном протесте нашей интеллигенции, который потом называли правозащитным, или демократическим, или либерально-оппозиционным движением. В 1965—1970 годах оно преимущественно выражалось во всякого рода открытых обращениях — к партии, правительству, к ООН, к мировой общественности и т. п., изредка в демонстрациях, а главным образом в бурном распространении крамольного самиздата путём использования пишмашинок, берущих, как писал Галич, четыре копии, а если бумага папиросная, то и все десять. Стихийное издание и распространение всего запрещённого было всеобщим, были целые библиотеки самиздата с любовно переплетёнными фолиантами, и чего и кого там только не было: и Высоцкий с Бродским, и Григоренко с Марченко, и Раскольников с Джиласом, и, уж конечно, великая «Хроника текущих событий», спасшая честь русской интеллигенции времён советского безгласья. Был даже анекдот:

— Бабушка, ты зачем «Анну Каренину» на машинке перепечатываешь?

— Так ведь внучок ничего, кроме самиздата, не читает.

К Михайлову претензии были вполне определённые: ему вменялась в вину всего одна (а было их немало) подпись, стоявшая в ряду десятка других под «Обращением к Совещанию коммунистических и рабочих партий в Будапеште» с протестом по поводу возрождения сталинизма через брежневизм. А в тот момент как раз был большой разброд в международном коммунизме, и, видимо, бумажка эта сработала очень некстати для Кремля, — судя по тому, с какой злобой власти накинулись на каждого из подписавших.

Михайлов тогда вовсю учительствовал в физматшколе при МГУ, куда со всей России отбирали гениев для точных наук. Благодатнейшая почва для просвещения. И Михайлов, во всеоружии новейшего самиздата, давал им историю и литературу. Кроме того, устраивал он раз в неделю литературные чтения в актовом зале, как правило, при аншлаге — знакомил публику с внешкольной программой: с Бабелем, Зощенко, Булгаковым. Вечерами, расположившись за столом с лампой под зелёным абажуром, читал он со всей возможной выразительностью: «В белом плаще с кровавым подбоем шаркающей кавалерийской походкой...»

Учащиеся Михайлова любили. И охотно следовали за его затеями, которых было немало, особенно по части самодельного театра. Физико-математические гении с энтузиазмом распевали михайловские песни в мюзиклах его сочинения — и не только студенты сбегались их послушать в университетский клуб на Ленгорах.

Но вот за подпись под злокозненным письмом в Будапешт призвали его к ответу. Сначала — начальник московского образования Асеев, говоривший, как и положено начальнику, «благА» и «средствА». Предложено было публично отказаться от подписи. Чтобы свернуть тягомотину душещипательной беседы, обещано было подумать.

Затем отвёл Михайлова в сторонку Николай Иванович, главный словесник школы, чрезвычайно расстроенный случившимся, и убедительно объяснил ненужность и несвоевременность подобных подвигов.

— Поймите, — втолковывал он, — ежедневная кропотливая работа с детьми гораздо важнее, чем лезть на баррикады. Оно, может, не так ярко, но куда полезнее. Вы нужны здесь, а не в тюрьме, не дай Бог. Ведь хороших словесников и так немного.

— Так что ж мне делать, Николай Иванович?

Тот развел руками:

— Снять подпись...

И замолк, понимая, что совет опоздал.

Следующим номером был парторг МГУ Шишкин. Он особенно не настаивал, видя упорство, а просто объявлял увольнение от народного образования в мягкой форме: «Поймите и вы нас». Однако школьная директриса пошла к шефу-учредителю академику Колмогорову, входящему в первую десятку Математиков Человечества, и тот добился: разрешили Михайлову доработать до лета — но литературные чтения, как и внеучебное пение, прекратить.

И Михайлов теперь ездил в школу — с тремя пересадками на метро и автобусом в один конец — только давать уроки, а на вопросы своих артистов «Когда репетиция?» — отвечал уклончиво: не признаваться же было в своём героизме. Коллеги смотрели на него сочувственно: с одной стороны — уже прощаясь, с другой — всё-таки надеясь вместе с ним на чудесную перемену обстоятельств.

Ибо расцветала Чешская Весна. Дубчек, Смрковский, Свобода. Социализм с человеческим лицом. То самое, о чём мечталось. Конечно, это не по вкусу нашим троглодитам. Но не посмеют же они. И потом, всё ж таки социализм же. Да и Запад не потерпит. А то опять будет Мюнхен. А допустив Чешскую Весну, допустят и Польское Лето, а там уж, возможно, придёт и своя Осень. С красивым человеческим лицом. Тут-то и оставят Михайлова в школе. Ведь Россия так непредсказуема.

Однако, несмотря на общие упования, никаких признаков красивой человечности на свирепой морде старого кремлёвского ящера не появлялось. И хотя под крылом Колмогорова михайловская полуработа продолжалась, но его концертную деятельность ничьё крыло не осеняло, и здесь уже шла своя тихая сапа Лубянского разлива.

Выступления его стали одно за другим отменяться. Были случаи, когда он, целый и невредимый, фотографировался на фоне объявления об отмене его концерта «по состоянию здоровья». И когда в марте позвали его в Свердловск на песенный фестиваль, он стал отказываться: зачем ехать, когда всё равно не дадут выступать.

— Да брось ты! — кричал в телефон Женя Горонков, главный устроитель фестиваля. — Это у вас там ничего нельзя, а у нас тут пока можно.

Ещё утром, перед самолётом, он кричал то же самое, но через три часа полёта он встречал Михайлова уже не так бодро: петь на фестивале Михайлову, пока он летел, было начальством запрещено.

— Ну не в Политехническом, так в Медицинском споёшь, там ещё всё чисто, — обнадёживал Женя уже скорее самого себя; но и в Медицинском через час стало грязно. И Михайлов, чтобы всё-таки утешить жаждущих, а заодно и плюнуть в нос начальству, пел в этот день поздно ночью на квартире у знакомых, пел сколько хотел и что угодно, но всё-таки перед «Монологом пьяного Брежнева» с припевом:

«Мои брови жаждут крови,
Моя сила в них одних.
Как любови от свекрови,
Ждите милостей от них», —

попросил выключить магнитофоны.

Впоследствии владельцев магнитофонов вызвали на свердловскую Лубянку, а когда стали они темнить, будто ни про какие брови Михайлов не пел, то был им немедленно предъявлен полный текст на машинке — в жанре, стало быть, Лубянского самиздата. И пошёл гром по пеклу: хозяина квартиры, где пелось безобразие, отчислили из института; Горонкова попёрли со службы, а в Москву, на главную Лубянку, поехала телега, хотя на Михайлова наехала она только осенью.

И вот теперь, весенним солнечным днём, у Никитских ворот один из лучших мастеров театра предлагает Михайлову поработать над Шекспиром.

К тому времени, возмужав и окрепнув на школьных подмостках, уже немножко посочинял Михайлов — и к фильму по Радзинскому, и по Володину, и по Розовскому, — а тут сразу Шекспир. Шекспир!

Комедия «Как вам это понравится» — не самое знаменитое его сочинение, но, безусловно, каждый образованный человек наизусть помнит оттуда целый стих:

«Весь мир — театр, и люди в нём — актеры».
А некоторые — и следующий:
«У каждого — свой выход и уход».

Остальные же стихи, лица и положения припомнит уже далеко не каждый. Но если вдруг — взбредёт же такая блажь! — возьмёт и прочтёт, то непременно скажет, что за вычетом трагического монолога, который как раз и открывается знаменитым стихом и произносится персонажем по имени Жак Меланхолик, ничего в этой комедии нет ни смешного, ни интересного; сюжет громоздок и неуклюж, шутки архаичны, слог тяжеловесен, — а вернее всего, ничего этого не скажет, а лишь три слова:

— Ну и скучища!

Но Фоменке в этой архаике мерещились свои забавы и бездны; для их прояснения и потребовался Михайлов с его гитарой и умением сочинять песенки, и Михайлов, с безответственностью молодости, не уклонился.

Стоит ли здесь обсуждать правомерность подобного покушения на классику? Примеров тому наберётся такое множество, что возникнет вопрос о закономерности этой неправомерности. Хотя закон тут один: победителей не судят. Либо покушение удалось, либо провалилось.

В начале мая оказался Михайлов со своей гитарой в одноместном номере гостиницы «Ока» на берегу одноимённой реки, где проходил семинар учителей математики. Туда отправилась компания его коллег, прихватя и его для вечерних развлечений, а пока они семинарили, он приступил, помолясь, к Шекспиру. С чего начать? С начала. Пишем: «Пролог».

С чего начать пролог? Да с того самого, известного каждому образованному:

«Медам, месье, синьоры!
К чему играть спектакли,
Когда весь мир — театр
И все мы в нём — актёры,
Не так ли?»

(Отдадим должное Михайлову: он в отличие от многих редко затруднялся с зачином, а когда дело стопорилось, беззастенчиво лез в чужой карман. Так однажды понадобилось ему сочинить монолог Генерального секретаря ООН. Час думал, два, на третий, как говорится, пришла строка: «Достиг я, прямо скажем, высшей власти».) Начав «Пролог» столь непринуждённо, он не замедлил и продолжить легко развивающуюся мысль:

«Медам, месье, синьоры!
Как жаль, что в общей драме
Бездарные гримёры,
Коварные суфлёры —
Мы сами! Мы с вами!»

Так оно и пошло-поехало, это славное дело, увлекая разнообразием задач и возможностей их решения: и тебе куплеты, и романсы, и арии, и дуэты, и массовые сцены, и лирика с патетикой, и сатира с философией. И на счастливой этой волне пролетел Михайлов над своим последним в жизни школьным уроком, даже не оглянувшись, не заметив, что последний. Правда, случилась небольшая финальная сценка.

Перед летними каникулами пригласил его к себе академик Колмогоров, чьими заботами таки довёл он своих девятиклассников до десятого класса, хотя и без песен уже.

Шеф принял Михайлова холодно, спросил, не поднимая глаз:

— Вы, вероятно, понимаете, что в следующем семестре не сможете возобновить занятия в нашей школе?

— Да, Андрей Николаевич, понимаю.

— Правда ли, что вы собираетесь судиться с нами и приглашать на процесс иностранных корреспондентов?

— Нет, Андрей Николаевич, я уже подал заявление по собственному.

Они простились. Как оказалось, навсегда.

Но надежды юношей всё ещё питали, Шекспир пополнялся изо дня в день, солнечная весна Москвы перелилась в безоблачное лето Крыма, куда в тот год съехалось множество замечательного народа, а чтобы не прерывать хорошего дела, Михайлов с женой и тестем поселились под бочок к Фоменко, совершенно забыв об осторожности, а зря.

Тесть у Михайлова был тоже Петя и тоже широко известный, но не по театральной части: Пётр Якир, сын расстрелянного Сталиным командарма, севший в четырнадцать и вышедший в тридцать с лишним лет. Начиная с ареста отца, он люто возненавидел Усатого, и со временем это чувство лишь крепло. И когда Брежнев стал помаленьку возвращать почтение к людоеду, Пётр, естественно, восстал и скоро сделался активнейшим диссидентом, что тут же закрепило за ним откровенную и непрерывную «наружку», доходившую иной раз до двух машин с полным экипажем каждая. Но в Крым семья приехала с одним-единственным хвостом в лице шустрого молодого, который ошивался поодаль и не докучал. То-то, наверно, завидовали ему сослуживцы по поводу столь роскошной командировки.

Вдруг всё растворилось в сиянии черноморского июля: Чехословакия, колмогоровская школа, Лубянка и даже Шекспир. Михайлов освоил плавание с маской и трубкой и часами пропадал в море, ощущая себя ангелом над пятнистой от солнца сказочной страной морского дна с многочисленным и юрким его населением. Фоменко, казалось, также отложил Шекспира, и, вероятно, единственное, в чём прослеживалось ещё влияние классика, — это привязавшаяся к ним с Михайловым манера изъясняться пятистопным ямбом без рифмы, в чём оба достигли больших успехов. То есть непринуждённо, без запинки, могли они импровизировать без конца — ну, например, встречаясь утром на берегу:

— Куда идёшь ты, Петя? Неужели
Собрался в море плавать, как и я?
— Да, я собрался в море окунуться,
Не скрою, да, Михайлов, это так.
Во всём хочу я следовать примеру,
Достойному примеру твоему.

— Что ж, Петя, следуй моему примеру.
Тебе он много пользы принесёт...

(То-то, небось, извертелся в гробу незабвенный Васисуалий Лоханкин!)

А однажды лунной ночью оба Пети, знавшие наизусть Вертинского, всю ночь его пели, вполголоса — так проникновенно и красиво, как бывает только раз в жизни, и повторить уже не получится никогда.

Все вместе они приехали в Киев, откуда через пару дней Якиру было возвращаться в Москву, они пошли его провожать.

— Вон! Вон они! — возбудился Петя-диссидент. — Вон один. Вон второй. Вон ещё...

— Да ладно, — усомнился Петя-режиссер.

— Они, они, — успокоил его Якир. — А вот мы проверим.

Быстро зашагали по улице. Указанные следопыты, почему-то все в одинаковых серых костюмах, последовали за ними. Неукоснительно. Было их человек пять. Экипаж машины боевой. Свернув за угол, Якир тут же и остановился.

— Прошу любить и жаловать.

Из-за угла вылетел серый и тут же увидел всю троицу прямо перед собой. От неожиданности он даже покачнулся, словно его крепко ударили по лбу. Лицо его дёрнулось, и он пошёл спиной назад, пока не исчез за углом.

— Убедил, — сказал Фоменко. — Однако какая грубая работа.

— Хохляндия, — сплюнул Якир. — Учатся ещё.

Он уехал, а Михайлов с Фоменко остались в Киеве чуть не на весь август, чтобы уже вплотную заняться Шекспиром, благо вся труппа приехала сюда казать «Платона Кречета» в постановке самого А. Эфроса в надежде на большой успех, в том числе и государственный, чтобы под это дело получить «добро» на постановку «Ромео и Джульетты» — давней эфросовской мечты.

Да, такое было время: Митта снимал «Москва, любовь моя», чтобы под это дело снять «Арапа» с Высоцким; Айтматов писал идиотское предисловие, чтобы пропихнуть свой «Буранный полустанок»; Захаров ставил «Автоград» под своего блистательного «Тиля». Хотя, заметим на полях, и «Автоград», и «Платон Кречет» поставлены были всё равно талантливо. Всё-таки лояльность не обязательно означает верноподданность.

Таким образом, в репертуаре Малой Бронной назревали одна за другой комедия и трагедия Великого Англичанина в постановке двух выдающихся мастеров. Первым по очереди шёл Фоменко. Эфросу вообще было легче: его полностью устраивал текст пьесы. Пётр же Наумыч никак не мог успокоиться: даже укоротив классика на четверть, он чувствовал, что ещё не достиг совершенства. Лето для них с Михайловым перенеслось с блестящей гальки Черного моря на белый песочек Днепра, где часами лежали они над страницами текста, марая и комбинируя. Рядом располагался Эфрос, снисходительно посматривающий на их нервную работу.

— А вот я, — говорил он,— из своего «Ромео» ни одной строчки вычеркнуть не могу.

После таких слов только и оставалось, что урезать комедию наполовину, просто из принципа. Втиснуть эти пять сырых расползающихся актов в стройные и подтянутые два. Прослоив дополнительными стихами и музыкой. Получилось всё-таки в три. Эфрос с толку сбил. В два надо было.

А над Пражской Весной сгущалась Московская Зима. Явно и неотвратимо. А уж когда послышались задорные порывы выйти из Варшавского пакта, нечего было и сомневаться. Но вторжение, с другой стороны, представлялось настолько невообразимым троглодитством, что, стало быть, мало оказалось пятидесяти лет усиленного режима, чтобы отбить надежду на амнистию.

Троглодиты, разумеется, — но не до такой же степени! Ещё 20 августа Михайлов горячо заключал пари: не войдут!

На утро 21 августа назначен был суд над Толей

Марченко: ему светил срок «за нарушение паспортного режима» — небольшой, но с угрозой продления с помощью придирок на зоне: давно применяемая подлость.

Это была уже, кажется, третья «ходка» непреклонного диссидента, не признававшего с «этими» никаких компромиссов. Даже Буковского они не так ненавидели, как его. И они убили его в конце концов.

21 августа пробуждение чехов и словаков, а также миллионов советских людей, как и многих других миллионов, — было ужасным. Михайлов плёлся на Толин суд совершенно раздавленный. Судьи не обманули ожиданий. Толя получил год. На зоне ещё добавили.

Лихорадка охватила диссидентов. Что-то надо было делать. Нельзя оставлять без ответа. Ещё одно обращение-заявление? Вон, Евтушенко не сдержался:

«Танки идут по Праге.
Танки идут по правде»

То же самое — но в прозе? Мало. Надо идти на площадь. Статья 190(3), три года. Надо идти. Сговорились развернуть плакаты на Красной площади. Активнейшие деятели. Михайлов всплеснул руками и побежал вечером 24-го отговаривать Ларису Богораз.

— Поймите, — втолковывал он. — Кропотливая чёрная работа важнее, чем лезть на баррикады. А сейчас — тем более, когда многие напугаются и отойдут. Вы нужны здесь, а не в тюрьме.

Будучи воспитанным человеком, Лариса Иосифовна терпеливо слушала, а когда надоело, обещала подумать.

Утром 25-го примчался к Михайлову Вадик Делоне. «Когда? Где?» — «В двенадцать, на Красной площади. Не ходи, я тебя прошу». Однако нечего было и заикаться.

— Пока, стагик, — сказал Вадик. — Чегез тги года увидимся.

Широко улыбнулся — высокий, красивый, весёлый, — преблагополучнейший любимец публики, — и ушёл. На три года, как и обещал.

Они пришли к Лобному месту и минут пять сидели там на виду с развёрнутыми плакатами: «За нашу и вашу свободу»; «Руки прочь от Чехословакии!» Затем их повязали. Следствие длилось недолго. Через два месяца уже был суд.

А 1-го сентября Михайлов внезапно обнаружил, что он безработный. Кругом звенели школьные звонки, но его это не касалось. Преподавать ему нельзя. Выступать тоже. Все песни для Шекспира написаны — без договора, заметьте, без единой копеечки! И теперь ещё большой вопрос, захотят ли оный договор с ним заключать. Он хоть на площадь не ходил, да с ними со всеми и знаком, и подписывал, и распространял. И по вражеским «голосам» его имя звучало не однажды. Небольшая паника охватила его. Жить-то надо. Хотя повсюду повеяло холодом.

Ясно было, что Малой Бронной не следует заключать договор с известным антисоветчиком. Решили, что с ним поделятся из своих гонораров композитор Николаев и переводчик Левин. Так. Что ещё можно сделать для хорошего человека? Театр напрягся и придумал. Михайлов стал музыкальным репетитором, разучивающим с актёрами его и Николаева вокальные номера (за что и положили ему двести рублей). Так он и перезнакомился с половиной труппы, благо спектакль был хорошо населённый, потому что всё-таки тридцать персонажей, придуманных Шекспиром, к двум свести не удалось. Меньше пятнадцати никак не получалось.

Среди них был Оливер, эгоист и завистник. Его репетировал Гафт. Тогда уже Михайлов понял, что из всех артистов мира — это самый огромный. Просто природное изящество и классическая соразмерность частей скрадывали его истинные размеры.

Иногда в отчаянии Валя раскидывал огромные свои руки и восклицал:

— Ну что мне делать с моим талантом?!..

И Михайлов видел, что перед ним Голиаф. Голиафт. Его персонаж — Оливер — по сюжету пьесы ненавидит родного брата.

Михайлов сочинил его монолог, долго не раздумывая:

«Я ненавижу брата!
Я ненавижу его!
И в этом семья виновата:
Зачем не родили когда-то
Меня одного?»

С тех пор прошло много лет. Да, пожалуй, точно можно сказать: тридцать. И Гафт вспомнил! В телебеседе с ним зашла речь о Фоменко — и он вспомнил! И спел! Причем несколько раз и на все лады. Михайлов смотрел передачу, гордясь собой: его текст если и не тянул на бессмертие, то на долговечность законно претендовал.

Каневский Лёня — теперь украшение тель-авивского «Гешера» — играл тирана. У него была своя ария в сцене «Погоня»:

«Догнать их!
Вперёд, закусив удила!
Поймать их!
Пороть за такие дела!
Измену
Сведу на корню.
Когда будет надо,
Я сам прогоню!»

Лёня пел правильно — но строго на четверть тона ниже, и, когда для благозвучия партию рояля снижали на эту четверть, он тоже снижался. Посему благозвучия достигнуть не удалось. Тирана поручили Лёве Дурову. Через тридцать лет, встретив Михайлова в каком-то углу, Лёва сказал: «А помнишь?» — и тоже спел, без запинки.

Трагическую роль Жака Меланхолика исполнял Александр Анатольевич Ширвиндт. Это была его первая шекспировская роль. Вторая — веронский герцог в «Ромео и Джульетте». Там ему было немного работы. У Фоменки — гораздо больше. Он бродил по Арденнскому лесу, где всё стонало от любви, и отравлял атмосферу горечью своей мудрости. У него был хороший монолог, тот самый, что начинается:

«Весь мир — театр, и люди в нём — актёры...» —

и далее, о Божественной комедии, а точнее, трагикомедии человеческой жизни. Читал он его под потолком. Художники Эпов с Великановым соорудили золочёное витиевато ветвистое Древо, где можно было жить, гулять, свешиваться, перелетать с ветви на ветвь, высовываться из дупла, прятаться в листве. А самая вершина представляла собою овальную раму фамильного герба, сплетённую из фантастических листьев и увенчанную оленьими рогами, — и вот в ней-то, в этой раме, и появлялся мудрый и печальный бродяга в шелковом рубище с красивыми заплатами и произносил:

«Весь мир театр...» —

и далее, до последнего безнадежного всплеска руками вниз и в стороны — мол, что поделаешь?
Фи — нал.
Роскошное готовили зрелище, правда, очень медленно оно варилось, так ведь шутка сказать — больше двадцати развёрнутых музыкальных номеров и целых три акта многопланового действа с чередованием и смешиванием комического и трагического, что всегда было опорным столбом фоменковской карусели.
Всё-таки надо было свести Вильяма в два акта.

«О, как бы нам, синьоры,
Сыграть не фарс, а сказку
О счастье и надежде,
Сыграть, пока не скоро
Развязка!»

Фарс разыгрывался не в театре — в нарсуде на Яузе, в течение трёх промозглых октябрьских дней.

Судили пятерых демонстрантов, героев 25 августа (шестого, Файнберга, в Питере определили в психушку, а до Наташи Горбаневской очередь дойдёт позже). Действо началось, как и раньше в таких случаях: в зал проходила спецобщественность, по пропускам; друзья, иностранные корреспонденты (коры, если запросто) околачивались снаружи у выхода; из своих, таким образом, внутри оказывались только свидетели и адвокаты.

Михайлов толокся снаружи, в небольшой толпе сочувствующих, среди которых встретил и двух недавних своих учеников-физматиков. Один из них впоследствии сел на четыре года за диссидентство, второй явился в огромных чёрных очках, явно боялся, — но и не явиться не мог. Не зря всё-таки учил его Михайлов.

Однако обнаружилась и другая оживлённая группа, студенческо-пролетарского состава. Это были активисты-общественники разных московских заводов и комсомольцы оперативных отрядов МВТУ и МГУ. (Среди них Михайлов также заметил своего физматика, которого, стало быть, недовоспитал.) Их задача, как быстро стало понятно, — задираться с собравшимися друзьями подсудимых и попытаться дать этакий идеологический бой, — не доводя, впрочем, до рукопашной. Именно идеологический. Разыгрывая из себя случайных любопытных, они быстро превращали разговор в дискуссию. Студенты-оперативники, правда, шибко не старались, а пролетарии моментально доводили дело до лозунгов, вроде: «Таких давить надо!»

Михайлов не выдержал, зацепил одного из молодых автозаводцев за локоток и отвёл в сторону.

Тот, как ни странно, с живейшим любопытством стал расспрашивать, кто и за что, и даже выражать очевидное сочувствие, — как вдруг, изменившись в лице, громко крикнул: «Давить таких надо!»

Потому что мимо прошёл высокий чернобородый со смеющимися злобными глазами. Политрук.

Натужность этой контракции властей была очевидна, и не то что идейной победы, но и собственно баталии не получилось. Друзья подсудимых быстро смекнули, что к чему, и на провокации не поддавались, а пролетарии тоже были не особенно привыкши, тем более что команды бить не было. Тогда бы — другое дело. Но — не было команды. Они и маялись три дня, как идиоты, помаленьку выпивая в соседнем дворе. И вся их борьба с гнилыми либералами уложилась в одну-единственную гнусность: когда всё кончилось и адвокаты должны были вот-вот показаться в дверях, оказалось, что машина с цветами для них вскрыта и пуста. Но Курский вокзал был в двух шагах, с богатыми цветочными киосками на площади, и к выходу адвокатов свежие пышные букеты успели в самый раз.

Конечно, защита была бессильна перед кремлёвскими троглодитами, — но зато с помощью адвокатов была восстановлена вся картина судилища, перешедшая затем в книгу Натальи Горбаневской «Полдень», — после чего троглодиты наконец добрались и до Наташи, которой досталось страшнее всех из демонстрантов: казанская спецпсихушка с принудительным «лечением».

Впоследствии Михайлов сочинил «Адвокатский вальс»:

«Конечно, усилия тщетны,
И им не вдолбить ничего.
Предметы для них беспредметны,
А белое просто черно.

Судье заодно с прокурором
Плевать на детальный разбор,
Им лишь бы прикрыть разговором
Готовый уже приговор...

...Ой, правое русское слово,
Луч света в кромешной ночи!
И всё будет вечно хреново,
И всё же ты вечно звучи!»

В том же октябре Михайлов предстал перед Бобковым — начальником 5-го отдела КГБ, осуществлявшего контроль над идейными диверсантами. Тон беседы был избран вежливый. Михайлова предупреждали, что обо всех его подвигах, в том числе и о свердловском, осведомлены, и просили вообще воздержаться от концертов. А взамен обещали не чинить препятствий в творческой работе. Были затронуты и общие проблемы и даже проявлено определённое понимание, и Михайлов даже удивился, как по-человечески с ним говорят, но Бобков сказал тем же серьёзным и проникновенным тоном:

— А вы знаете, что если бы мы не вошли в Чехословакию, завтра там были бы немцы?

И Михайлов сразу внутренне сник и даже обиделся — за какого же лопуха держит его начальник? Одной рукой Фоменко помаленьку двигал Шекспира к премьере — другой рукой (и ногой, и всем вообще остальным телом) он раскручивал замечательное действо в своем студенческом театре при МГУ на Ленгорах:

ТАТЬЯНИН ДЕНЬ, ИЛИ РУСИ ЕСТЬ ВЕСЕЛИЕ ПИТИ

Собрал он множество текстов на эту богатую тему. Устроил из них многокрасочную композицию и с наслаждением полного хозяин-барина (в отличие от Малой-то Бронной, где тебе и дирекция, и партком, и уже репетирующий свою «Джульетту» Эфрос, постоянный, блин, эталон для там и тут занятых актеров) царил, витал и священнодействовал среди обожающей его талантливой молодежи. Атмосфера была студийная, то есть всё творилось на бескорыстнейшем энтузиазме. Товарищество было абсолютное, ничуть не тронутое ядом актерского самолюбия и неудовлетворённых претензий. Михайлов без труда вовлёкся в их компанию и по предложению Фоменки даже малость порежиссировал в новелле о пьянстве времен Петра Великого, заставив бледного от мальвазии самодержца взбежать на пивную бочку по трупам павших и, сверкая глазами, вскричать, яростно ткнув перстом себе под ноги:

«Отсель!
Грозить мы будем шведу!»

Михайлову и за драматурга пришлось поработать, смонтировать разрозненные тексты для портрета ещё одного любителя выпить — графа Фёдора Толстого. Он восседал в окружении всего женского состава труппы, махавшего на румяного красавца разнообразными веерами.

И за актёра случалось повыступать, было дело, сидел он задумчиво в старинном кресле, в гусарском кивере и мундире, пощипывал наклеенный ус, поигрывал на гитаре и задушевно напевал Дениса Давыдова на собственный мотив:

«Где друзья минувших лет,
Где гусары коренные?
Председатели бесед,
Собутыльники лихие?»

Эта лирическая ностальгия по студенческому гусарству, молодому дружеству была присуща Фоменке, оказывается, всегда — ему, насмешнику, ему, созидателю и разрушителю масок, ему, мастеру иронического сарказма и самого брутального эпатажа, бесконечно далёкому от сентиментальных соплей и размазывания манной каши по стене.

При всём своём невероятии он всегда был любитель посидеть за столом с бывшими своими студийцами или студентами, безусловно, предпочитая самое немудрящее застолье самым престижным тусовкам. Совсем не тусовочный человек. Бывало, соберутся все эти Галки, Зойки, Нинки, 60-летние пединститутки, да за бутылочкой и попросят:

— Петь! Спой «Странное дело».

Он без всякого жеманства легко поднимется, упрётся кулаками в стол, сделает зверское лицо и, оскалившись, зачастит:

— Странное дело, непонятное дело... — а дальше уморительный виртуозный мат. Публика хохочет.

Так вот весь «Татьянин день» и был озорным застольем русского студенчества — праздником. И сыгран соответственно 25 января. Но уже 1969 года. В том же году закончилась и вся эта шекспировская эпопея.

Довольно много музыки набралось в спектакле, Михайлова пятнадцать номеров, да Николаева десять, да чистой музыки — танцевальной, виньеточной, фоновой — минут на двадцать. Словом, Николаеву с дирижёром Кремером пришла в голову естественная мысль: составить сюиту из шекспировской музыки, сочинить изящный текст, поясняющий, кто есть кто и отчего вдруг запел, да и исполнить этот музыкальный пересказ спектакля силами университетского оркестра в клубе МГУ — только не на Ленгорах, а на Моховой. А то что же зря музыке пропадать. А Кремер как раз и дирижировал — и в спектакле, и в университете, был весь в материале и полюбил его на всю жизнь. Михайлов немедленно включился и сел сочинять связующую нить.

Естественно, поставить это дело предложили Фоменке, из расчёта, что музыкальная сюита послужит спектаклю ярким анонсом. Но Пётр Наумыч отнёсся к замыслу холодно, ему почудилась измена общему делу, ставить отказался, только попросил, чтобы сюиту всё-таки играли после премьеры — да оно так и выходило, потому что сдача спектакля ожидалась в марте, а сюита поспевала только к июню.

Однако ни в марте, ни в апреле премьеры не было. Тяжко и как-то натужно тащился этот воз, окружённый к тому же какой-то пристальной враждебностью партийного начальства, влезавшего во всякую мелочь с крикливыми требованиями — например, спустить Ширвиндта с его коронным монологом с вершины золотого Древа к подножию. Нет, и этого мало. Убрать его к порталу, нехай произносит свою мрачную речь как бы самому себе и не мешает общему оптимизму. От таких советов и агнец озвереет, а Фоменко — не агнец, нет. Но был он мрачен не столько даже поэтому, сколько из-за малоподвижности воза: не выгорало дело, не складывались звуки в аккорд.

А у Кремера на Моховой, напротив, всё кипело и летело к цели. Нашлись хорошие вокалисты. Из студии «Наш дом» прибежал Саша Филиппенко на роль Шута и Связующей Нити. Осталось дождаться премьеры на Малой Бронной.

Она состоялась в конце мая. Сначала, как водится, сдавали начальству. Да, была такая процедура. В пустом зале перед десятком начальников (горотдел, Минкульт, партком) игрались все три акта, полный спектакль в полной тишине, ибо начальству реагировать во время госприемки не положено.

Напомню, дело осложнялось участием Михайлова. Формально — его не было. Ни в афишах, ни в программках. В зале — тоже. Ни в одном тёмном углу не наблюдался соавтор Шекспира.

Но начальство не любило Фоменко и всегда подозревало в нём идейного врага. И, конечно, слышало, что он сотрудничал с Михайловым, антисоветчиком. И напряжённо всматривалось, не проявятся ли какие-нибудь гнусные признаки этого сотрудничества.

А Михайлов тем временем сидел в кафе через улицу от театра и с нетерпением ждал сведений. В антрактах к нему забегали то Лёва Дуров, то Валя Смирнитский — докладывали обстановку: сидят, молчат.

Спектакль был принят и даже с совсем немногими поправками. Гнусных следов замечено не было. Можно играть. И Шекспир благополучно поехал себе на гастроли в Одессу. И можно было выпускать на клубную сцену МГУ давно готовую сюиту.

Михайлов тогда работал в Саратове и прилетел в Москву за день до её премьеры.

— Всё готово! — кричал ему Кремер по телефону. — Всё хорошо! Боимся только — народу будет мало: у студентов сессия, у людей отпуска. Давай обзванивай всех, кого сможешь. Хоть партер заполнить.

И Михайлов совершил на радостях роковую ошибку. Он посадил на телефон Петра Якира, лучшего обзвонщика в мире. И тот замечательно справился с задачей.

На следующий день в назначенный час в зале клуба на Моховой народу было битком. Публика отчётливо делилась на три неравные части. Наименьшая группа состояла из принаряженных родственников и друзей оркестра с вокалистами. Половину публики составлял цвет московских антисоветчиков и диссидентов с Петей Якиром и Наташей Горбаневской во главе. Остальная публика представляла собою отряд лубянских следопытов и оперативных студентов МВТУ и МГУ. Судя по всему, ожидалось вооружённое восстание, не меньше.

Пошёл занавес, зазвучала музыка. В зале смеялись и аплодировали. Оперативники и лубянщики расслабились. Некоторые даже похлопали. Саша Филиппенко блистал. Антисоветчины не было даже в подтексте. Правда, после заключительной овации просили бисировать куплеты интригана:

«И хотя ты хороший малый,
Чем помочь, я не знаю сам.
Что ж, пожалуй, что ж, пожалуй,
Перед казнью — яду дам.
Ядудам, ядудам, ядуда-дуда-дудам...»

Горбаневская хохотала на всю Моховую. Это единственное, что могло настораживать.

Но вождь университетских коммунистов Ягодкин на следующий же день сорвался с цепи.

Дальнейшее представление сюиты было запрещено.

Директор клуба МГУ был снят с работы.

Выговоры и вызовы на ковер посыпались один за другим.

Послышались формулировки: «Антисоветское сборище»; «Идеологическая диверсия»; «Заведомая провокация»; «Сговор Якира и Фоменко».

Вот это-то было особенно ужасно. Вот где аукнулся тот шустрый молодец, что вертелся в Крыму поодаль. Вот где отозвались обиженные топтуны Киева. Вот как оправдалась мрачная неприязнь Фоменко к злосчастной сюите.

И Ягодкин прихлопнул и «Татьянин день», и вообще Театр на Ленгорах.

А заодно и студию «Наш дом», откуда был завербован Филиппенко.

И шум от всего этого произошёл такой, что после десятка представлений спектакль «Как вам это понравится» был снят с репертуара Малой Бронной.

И больше никогда не был восстановлен.

Лишь через десять лет Фоменко и Михайлов взяли реванш. Пользуясь служебным положением (он был главным режиссером Ленинградского театра комедии), Фоменко всё-таки поставил эту историю, с теми же персонажами, с той же музыкой — но в вольной интерпретации Михайлова. Это теперь называлось «Сказка Арденнского леса». Герои, как и прежде, изъяснялись белым пятистопным ямбом, сюжет в общих чертах соблюдался — но никакой тяжеловесности, никакой архаики, юмор полон изящества, и во всём в должной мере чувствовалась та необходимая доля эротики, без которой нет театра, — как говаривал Станиславский и всю жизнь повторяет Пётр Фоменко.

ЛЁНЯ ВТОРОВ И ФИЛЕРА

Однажды Михайлов удивился:

— Да неужели и вправду было с нами всё это: запрещённая литература, листовки, подпольщина доморощенная, слежка государственная, доносы, обыски, демонстрации, аресты и суды с гордыми «последними словами» — словом, все эти из далёкого прошлого атрибуты героической революционной романтики, изображённые во множестве произведений, от «Овода» до горьковской «Матери» или фадеевской «Молодой гвардии»? Неужели всё это было в жизни по-настоящему? Пронзительное чувство неестественности: как это? Я — здесь, а Илья — в тюрьме? Я здесь, в Москве, сижу в театре «Современник» и вместе с залом смеюсь над абсолютным совпадением Щедрина с советской властью, а Илья — в трёх шагах от меня, бритый, в камере, и этот говнюк следователь кричит на него? Хотя образ мыслей, за который Илья и сидит, у смеющегося вместе со мной зала точно такой же! Словно встали дети в круг, посчитались: «Вышел месяц из тумана, вынул ножик из кармана» — и, кому выпало водить, пошёл из круга, только не за угол, а на Колыму, лет на семь.

Причина подобного впечатления понятна: эти слежки, погони и обыски, то есть всё то, что совершенно необходимо при охоте на воров и убийц, здесь превращалось в бурную имитацию деятельности, в демонстративное махание кулаками, — потому что преступления-то не было. Никто ведь, по сути, и не прятался. Это же уму непостижимо, сколько денег было угрохано, сколько народу задействовано для слежки за нескрывающимися, для погони за неубегающими, — ради важных отчётов перед старцами с трибуны мавзолея, и эти старцы собирались и на основании андроповских докладов решали, что мне читать, чего не читать... Бред, мерзость.

Михайлов тогда трудился с режиссером Лёней Второвым над сказкой в Детском театре. До сих пор они с наслаждением вспоминают эту работу, в которой, кстати, блестяще себя заявила будущая наша кинозвезда Ирина Вадимовна. Это был праздник, завершившийся тем, что Ирина вышла за Лёню замуж.

Однажды Михайлов с Лёней договорились встретиться в театре, чтобы подумать о дальнейших планах. А утром к Михайлову заглянул приятель с целой кучей свежей антисоветчины, включая «Технологию власти» Авторханова, за которую давали срок. Это сейчас она свободно лежит на книжных развалах, никто её не читает. Приятель попросил приютить на время опасный багаж, словно нет надёжнее места на свете, чем квартира оголтелого антисоветчика Пети Якира, у которого Михайлов тогда жил. Петю и его квартиру с обитателями круглые сутки пасли сотрудники КГБ. Отказать приятелю было невозможно, хотя бы потому, что его на выходе могли остановить дежурные пастухи и, отведя в участок, обыскать, что имело бы для него предсказуемые последствия. Михайлов с досадой принял груз, но тут же решил отнести его в другое место, дабы не увеличивать и без того значительные запасы крамолы на Петиной квартире. А так как осаждающие по пяти раз на дню видели, как Михайлов входит и выходит, то имелся шанс, что опекать его они не станут, тем более что он давно уже вёл себя благонамеренно.

Михайлов придумал отнести заветные папки в Детский театр, к режиссёру Второву: помещение огромное, авось найдётся тёмный уголок для запретной литературы.

А тут ещё позвонил вежливый мужской голос и напомнил, что у них через час встреча на частной квартире по поводу «Станционного смотрителя».

Эту пушкинскую повесть собирались экранизировать для телевидения, а музыку к ней заказали у композитора Исаака Шварца, которого Михайлов очень уважал за его работу с Окуджавой. Справедливо полагая, что якировский телефон прослушивается, Михайлов решил, что из-за Пушкина органы тем более преследовать не станут. И, застегнув объёмистый портфель, Михайлов бодро вышел на улицу.

При виде его со скамьи на бульваре с готовностью поднялся молодой человек, старательно смотрящий вбок. Объёмистый портфельчик сразу потяжелел. Значит, не подействовал «Станционный смотритель». Досадно.

Михайлов, однако, продолжил автономное плавание, делать нечего. Внутреннее напряжение усиливалось ещё неловкостью тащить за собой хвост к незнакомому и, судя по телефонному разговору, весьма интеллигентному человеку, известному питерскому композитору, который ни сном ни духом... Поэтому Михайлов изо всех сил старался идти непринуждённо, чтобы, упаси Бог, «хвост» ни на секунду не насторожился, не почувствовал тревогу за портфельчик. И когда, опаздывая на троллейбус, Михайлов побежал к остановке, то, вспрыгнув на подножку, он предупредительно придержал дверцу для своего запыхавшегося опекуна: мне, мол, от вас скрывать нечего, я, как видите, никуда бежать не собираюсь. Якобы.

Доехав до места, Михайлов вошёл в подъезд — топтун остался на улице и проверять, на который этаж отправился объект, не стал. Объект позвонил. Дверь отворил очень красивый маленький изысканный армянин, и, хотя его звали Исаак Шварц, Михайлов так и остался в этом убеждении. Положив портфельчик под стул в прихожей, он вошёл в квартиру.

Дело оказалось для него необычное: его пригласили принять участие в фильме не как автора песенных текстов, что было бы понятно, а в качестве певца. Кому-то показалось, что именно этот голос способен спеть пушкинские стихи на шварцевскую музыку. И, не откладывая в долгий ящик, композитор подсел к пианино и своими изящными пальчиками тут же и наиграл эти простые мелодии. В другое время Михайлов, с его слухом, выучил бы их в секунду, но тут его томил молодой чекист, топчущийся где-то за стеной, а возможно, уже только и ждущий, когда Михайлов выйдет, чтобы подкатиться с их вечным «пройдёмте». Не у Шварца же оставлять проклятые бумаги. Между тем композитор терпеливо повторял и повторял мелодию, так что Михайлов уже поневоле её усвоил и, помычав-помурлыкав, наконец, спел, стараясь с выражением:

«Долго ль мне гулять на свете
То в коляске, то верхом», —

даже не чувствуя, насколько текст соответствует обстоятельствам:

«Иль мне в лоб шлагбаум влепит
Непроворный инвалид... следопыт...»

Старательное «выражение», видать, не вполне устроило Шварца, и он ещё и ещё раз просил Михайлова повторить, отчего «выражение» не улучшилось. Согласились на том, что надо бы встретиться ещё раз, попробовать, созвонимся попозже — и Михайлов, как в прорубь головой, двинулся с портфелем улицу.

Топтун благодушествовал невдалеке, никакой засады не предвиделось. Из-за угла показался нужный трамвай. Михайлов, не торопясь, шёл к остановке, игнорируя приближающийся вагон, как не имеющий отношения. Следопыт не спеша двигался в том же ритме, сохраняя приличный интервал. Внезапно для самого себя, Михайлов резво вскочил в захлопывающиеся дверцы и на сей раз придерживать их не стал. Топтун в растерянности кинулся было, пробежал несколько шагов. Вдруг остановился, открыл свой кейс — и стал в него что-то возбуждённо кричать. Михайлову ещё не доводилось встречаться с таким способом связи.

Трамвай нёсся вдоль бульвара, незадачливый спутник остался далеко за углом, и через несколько остановок Михайлов с лёгкой душой выскочил на тротуар, а там уже знакомыми задворками добрался до служебного входа в театр. Ещё раз оглянулся по сторонам, шмыгнул, прижимая портфель, к двери (на вахте его знали) и — прямо к режиссеру, к Лёне Второву. Тот уже освободился для встречи и был у себя один.

Михайлов показал портфель и, понизив голос, объяснил ситуацию. Лёня спокойною рукою, как будто ему принесли пьесы Островского, принял опасные папки и сунул куда-то в недра письменного стола.

Михайлов было забеспокоился, не чересчур ли легкомысленно — Лёня и слушать не стал:

— Ничего с твоими папками не случится. Когда понадобится, тогда и заберёшь. А вот потрепаться здесь не придётся: мне надо в одно место, можешь проводить? По дороге всё и обсудим.

— А ну как за мной слежка?

— Да чёрт с ними, даже интересно.

Михайлов положил в портфель какие-то журналы, чтобы незаметно было, что портфель похудел, и они вышли. И Лёня в двух словах пояснил, куда им предстояло ехать.

У него от первого брака остался любимый сын. Разрыв же был настолько решительным, что бывшая жена захлопнула перед ним все двери, и в свиданиях с сыном ему было не то что отказано — отрезано. И вот он, как Анна Каренина, крадучись, время от времени отправляется хотя бы посмотреть на своего Олежку, а если удастся, то и поиграть с ним сколько-нибудь. Михайлов очень проникся. Ехать надо было автобусом и электричкой.

На улице Михайлов огляделся: никого. Лёня добродушно пошутил:

— А был ли мальчик-то?

Михайлов разгорячился:

— Не веришь! Думаешь, я в игры играю? Революционер, мол, хренов!

Лёня замахал руками:

— Да ради Бога! Я просто подумал: а был ли мальчик-то, и всё!

И тогда Михайлов злорадно и даже торжественно воскликнул:

— Вон они!

Неподалёку в самом деле обозначился его давешний преследователь и при нём миловидная девица. Оба старательно смотрели друг на друга, добросовестно разговаривая. Лёня посмотрел:

— Это и есть твой мальчик?

— Он. А девочка, скорей всего, твоя.

— Да ладно!

— Убедишься в движении.

Плечом к плечу Лёня с Михайловым зашагали по тротуару, а шагов через двадцать резко остановились и оглянулись. Парочка, по-прежнему разговаривая и глядя друг на друга, шла следом. Лёня хмыкнул:

— Не убедил.

Двинулись дальше. Поравнявшись с автобусом, живо впрыгнули и жадно приникли к заднему стеклу. Парочка стояла, откровенно глядя на них, при этом кавалер, как и давеча, что-то быстро говорил в открытый кейс: сообщал, наверное, номер автобуса и маршрута.

Лёня сказал:

— М-да. Похоже, ты не ошибся.

Через некоторое время Михайлов сообщил:

— Вон они.

Впрочем, и без сообщения видно было, как откуда ни возьмись вывернула чуть ли не из подъезда серая «Волга» и пристроилась к автобусу. Кавалер сидел рядом с водителем, равнодушно смотря по сторонам. Лёня уже не хмыкал: как это бывает с новенькими, им овладел азарт, совершенно погасивший чувство опасности, и он даже забыл о цели поездки, равно как и про обсуждение планов.

— Ну-ну, — приговаривал он, вливаясь в привокзальную толчею, — ты смотри, нет, ты смотри: идут! И девка уже другая! Понимаешь? Он дежурный, а они при нём сменяются! — Лёня на глазах превращался в профессионала. — Ну что? Вошли они в вагон? Ладно! Доезжаем до остановки, выходим и внезапно вскакиваем обратно.

— Да чёрт с ними. Вскакивали уже, в автобус-то. А главное, зачем? Мы же чистые.

— Да всё равно противно.

Доехали до места. Дачные сосны, мир и летний уют Подмосковья как-то незаметно обратили в шутку их подконвойное путешествие, и филера воспринимались уже как понятный и безобидный довесок: люди на работе. Вспомнилась цель поездки, и Лёня по дороге к дачному посёлку с эпической грустью стал рассказывать о своих предыдущих экспедициях к сыну: с какой дьявольской проницательностью враждебной стороне удавалось предугадать его внезапные появления и за минуту уводить ребёнка в дом.

— Здесь пойдём медленнее, вон до той бузины, — сказал Лёня. — В это время они обычно гуляют (и Михайлов подивился его осведомлённости).

В тени огромной бузины они остановились: два заслуженных человека — Леонид Второв, известный московский режиссер, и Михайлов, писатель земли русской, как он сам себя называл. А в полусотне шагов от них на садовой скамеечке примостились два человека, совершенно не заслуженных и, вероятно, недоумевающих по поводу этой внезапной остановки.

На той стороне улицы за штакетником весело

зеленела обширная поляна с кудрявой берёзой посредине, а подальше виднелся домик с верандой, на которой не было никого. И на поляне никого. И так никого и не было час. Наши партизаны вздохнули и поплелись восвояси. Лет через пятнадцать дьявольски осведомлённый Леня сообщил Михайлову:

— А они там были, и Олежка, и тёща. Но она нас заметила и всё подглядывала, когда мы уйдем. Надо было пойти, а потом вдруг вернуться.

Это говорилось уже вполне добродушно, так как подросший за это время Олежка уже сам папу разыскал и подружился.

А тогда, возвращаясь на станцию, огорчённый Второв вдруг развернулся и пошёл прямо на расслабившихся филеров, буравя злобным взглядом каждого поочерёдно, словно намереваясь от души врезать за бесполезное сидение под бузиной. Те смотрели растерянно, не успев приготовить нейтральное лицо. Михайлов в ужасе застыл — но Лёня только молча прошёл между откачнувшимися в стороны топтунами, резко развернулся, вновь пронизал злобным взглядом и уже тогда, довольный, поднялся с Михайловым на платформу...

А лучше всех от слежки уходил Володя Буковский — уходил, убегал, уезжал — с его знанием московских проходных дворов и закоулков. Азартнее всех переживал преследование Петя Якир: казалось, чем больше народу за ним ехало, тем в больший восторг он приходил. Что до Михайлова, то за ним, конечно, так не следили, как за первыми двумя, но один изящный уход за ним числится.

Как было уже сказано, подъезд якировского

дома находился под круглосуточным присмотром. В тот день была насущная необходимость срочно и непременно передать французскому корреспонденту пару машинописных листков с горячей информацией об очередной гадости режима. Открыто проделать это было опасно даже для Михайлова, но у него был запасной вариант на такой случай. Дело в том, что внешние наблюдатели, не сводившие закоченевших глаз с подъезда, не учли: с лестничной площадки между первым и вторым этажом можно было сигануть через окно во двор — размеры окна позволяли. Михайлов и сиганул. Во дворе не было никого, кроме детского сада, галдящего в своих песочницах. Михайлов задами прошёл в метро и в назначенный срок был в условленном месте. К Якиру он вернулся снаружи и был вознаграждён, увидя, с каким недоумением вскочил со своей скамьи дежурный наблюдатель.

Однако на том и кончился запасной вариант: утром лестничное окно было наглухо замуровано кирпичом.

И сейчас, через четверть века, так замурованным и пребывает. Желающие могут убедиться, если наведаются к дому № 5 по Автозаводской улице и, пройдя в левую арку, посмотрят на правую стенку. Московский мэр имеет все основания присобачить к кирпичам табличку с надписью:

«Одноразовое окно в Европу.
Отсюда 12 марта 1971 года направилось к мировой общественности очередное сообщение о преступлениях Кремля.
Да здравствует гласность!»

ДВА РАССКАЗА ВИКТОРА НЕКРАСОВА

Предисловие автора

Эту свою очередную документальную новеллу из книги «Однажды Михайлов» автор хотел бы не столько посвятить, сколько адресовать хорошему человеку — С.Ф. Глузману. С небескорыстной целью.

Хороший человек живёт в Киеве. В 60-е годы это был скромный, негромкий молодой человек, начинающий психиатр, который, подобно многим медикам (Чехов, Булгаков, Вересаев, Горин, Арканов), собирался ещё и в литературу, пробовал силы в прозе и стихах, и первые свои опыты носил учителю, а затем и другу — Виктору Некрасову. И имя юноши было Семен Фишелевич, звали его тогда почему-то Славик, так он Славиком и остался по сей день для близких людей.

Но в начале 70-х наш скромный Славик отмочил такую штуку: взял и составил собственную психиатрическую экспертизу опальному генералу Григоренко, известнейшему нашему правозащитнику, — и из этой экспертизы неуклонно вытекало, что генерал абсолютно здоров и, следовательно, поставленный ему диагноз — шизофрения — есть акт карательной медицины, с помощью которой власти преследуют диссидентов. Понятное дело, скромного Славика тут же и повязали, и получил он по полной программе семь лет лагеря плюс три года ссылки. И весь этот путь наш Славик прошёл на редкость мужественно и какое-то время был наряду с Буковским признанным лидером среди заключенных политлагеря под Пермью. Он отбыл свой срок от звонка до звонка, вернулся в Киев, а тут подоспели и новые времена, и началась совсем другая жизнь.

Сейчас Семен Фишелевич — известный общественный деятель, член различных полезных комитетов, в том числе и международных, и нынешние киевские начальники относятся к нему с должным почтением, что, я надеюсь, и поможет в достижении моей корыстной цели.

* * *

Однажды Михайлов познакомился с Виктором Некрасовым, автором первой правдивой книги о войне. Это был общительный весёлый человек, любитель выпить и побродить по окрестностям. Больше всего он любил и знал два города: Киев и Париж. Он и сам по себе был французский гранд и киевский босяк одновременно.

Он был совершенно ненавязчив и неотразимо обаятелен. Друзья называли его Вика. Михайлов не мог себе этого позволить. У него вообще к фронтовикам было трепетное почтение младшего. Давида Самойлова он тоже Дезиком называть не мог. Давид, вы. Булат, вы. К Некрасову — Платоныч, вы.

Платоныча из начальства хвалил только Сталин. Да, вот так: Фадееву за 1% правды в верноподданном романе «Молодая гвардия» — жестокий разнос, Некрасову за 100% — премию имени себя. О таких говорят: он соткан из противоречий. Хрущёв не был соткан и последовательно разносил Платоныча за независимость характера и речи. А при Брежневе его достали так, что не вздохнуть. И он эмигрировал.

Между тем за Платонычем ничего такого особенного не водилось. Всё-таки Галич сочинял прямую крамолу. Войнович учинил непростительную свою «Иванькиаду». Уж не будем говорить об Исаиче. Платоныч же просто позволял себе жить непозволительно свободно: читал что хотел, говорил что хотел, дружил с кем хотел. В Москве бы его не тронули — Киев же никак стерпеть его не мог: провинция всегда злее казнит (и быстрее прощает).

Но два вполне диссидентских поступка Михайлов за Платонычем знал.

В 1967 году, осенью, узнав, что киевские евреи собираются на стихийный митинг по случаю 25-летия расстрела в Бабьем Яру, благо официальный митинг власть не разрешила, — небольшая московская компания друзей славного диссидента Пети Якира вдруг легко встала из-за стола, за которым сидела, и в одно мгновение оказалась сначала на Киевском вокзале, а наутро — и в самом Киеве. Ибо Петя Якир был человек азартный. Вместе с ними и Михайлов оказался в этой незаметной лощине, где приютился небольшой казённый камень с обещанием «на этом месте воздвигнуть памятник жертвам», — лишний раз подчеркивая своей сиротливостью органическую неспособность Софьи Власьевны (псевдоним советской власти) к благородным поступкам. За четверть века она еле снесла этот камешек. Скорей всего, из желчного своего пузыря.

Собралось много народу. И огромное количество госбезопасности с милицией, готовые накинуться. Но команду всё-таки не дали.

По толпе прокатывалось: «Будет Некрасов... будет Некрасов...» Показалась группа людей, в центре медленно шёл Платоныч. Вот он приготовился говорить. Ни трибун, ни микрофонов, ни хотя бы матюгальника. Михайлов пробился поближе. Все замерли, чтобы расслышать. Некрасов сказал (как запомнилось Михайлову):

— Четверть века назад на этом месте фашисты расстреляли сто сорок тысяч мирных жителей. Среди них были русские, были украинцы. Но первые сто тысяч были евреи.

Впоследствии Михайлов навестил Бабий Яр, когда там поставили-таки эту общенациональную скульптурную группу — и подивился, как это начальство умудряется даже с помощью интернационализма выразить свой антисемитизм.

Через некоторое время за Платоныча взялись как следует: со слежкой, прослушиванием, перлюстрацией, обыском и увольнением отовсюду (когда его исключили из партии, он говорил: «Положил партбилет — и даже удивился, какое испытал облегчение, словно гора с плеч.

Оказалось, сорок лет таскал на себе гору!»), но главное — полностью закрыли возможность печататься. Его книги изымались из библиотек, а имя — изо всего, где оно было. И ведь ни в какие сахаровские комитеты не входил, никаких листовок не расклеивал — он просто чихал на Софью Власьевну, и в этом-то и состояло всё его диссидентство, для неё нестерпимое. И он уехал. На прощание навестил друзей, побывал и в Москве, где попрощался с Михайловым.

— Понимаешь, — сказал он, — мне моей капитанской пенсии, 120 рэ, вот так бы хватило, я бы ни за что не уехал, — но сознавать, что ежедневно, да просто каждую секунду могут войти и грязными своими лапами выдрать прямо из машинки то, что ты только что сочинил, — с таким сознанием жить невозможно.

А накануне отъезда, в лучших традициях романтических революционных историй, уходя тёмной ночью от слежки на старой «Победе» друга, Платоныч увёз вместе с ним куда-то во тьму свои архивы, и два седых фронтовика закопали их в надёжном месте. И так и неизвестно, выкопал ли их кто-нибудь в новейшие времена...

Друг его, физик-атомщик, доктор наук Илья Владимирович Гольденфельд, тоже был человек необычный. Он всё гордился: и докторскую защитил — и в партию не вступил; и ядром занимался — и без секретности обошёлся; свободно выезжал за рубеж, пока не коснулась и его опала некрасовская. И тогда он — вдруг, разом, всем своим обширным гнездом — снялся и уле-

тел в Израиль. И там ему так как-то вольно зажилось, что однажды он написал Михайлову: мне кажется, что я до сих пор и не жил. Михайлов даже обиделся.

Илья с Викой там, конечно, виделись, и не раз, и гуляли по Парижу: это было любимое занятие Платоныча — знакомить заезжих приятелей со столицей мира, он и Михайлову в открытках всё обещал свою, некрасовскую, экскурсию. Он тоже воспользовался вовсю внезапной возможностью ездить, куда захочется, и если, например, Илья только собирался пересечь Средиземное море на собственной яхте, то Михайлов еле успевал удивляться, из какой ещё Гонолулы напишет ему Платоныч.

А теперь лежат два друга, два закоренелых киевлянина: один — под Парижем, другой — в Иерусалиме. Правда, и Софья Власьевна ненамного их пережила. Жаль, что не они её.

Булат как-то сказал Михайлову:

— Знаешь, что такое счастье? Это когда в Париже лежишь в номере, а перед тобой на диване растянулся Вика и — ля-ля-ля-ля...

Году не хватило Платонычу с Михайловым вот так же полялякать...

А второй диссидентский подвиг Некрасова был чисто писательский.

Накануне его 80-летия Михайлов пришёл в «Общую газету» к Егору Яковлеву и сказал:

— Хотите сенсацию? Я, Михайлов, лично слышал здесь, в Москве, в начале 70-х годов, как Некрасов читал вслух два своих крамольных рассказа. С тех пор ни там, ни здесь их никто не публиковал. Пошлите своих людей в Париж, пусть свяжутся с наследниками, у них наверняка сохранилась рукопись.

К изумлению Михайлова, Егор Владимирович повернулся в кресле, потыкал в кнопки телефона и сказал в трубку:

— Париж? Юра? Привет, это Егор. Послушай... — и изложил всё сказанное выше.

Юрой оказался наш посол во Франции. Но, видно, Юра не справился. Либо у наследников ничего не нашлось. Оба рассказа Платоныча так и остались, таким образом, для Михайлова только в его памяти. Две совершенно криминальные новеллы, которые Платоныч сочинил здесь и тогда, и опубликуй он их тогда же на Западе — вполне мог поехать в сторону, Парижу противоположную. Назывались они: «Ограбление века» и «Король в Нью-Йорке».

Ограбление века

Речь ведётся от лица Некрасова В.П.

Лауреат Сталинской премии, орденоносец-фронтовик, член КПСС и Союза писателей Украинской ССР заявился как-то утром к не менее знаменитому орденоносцу и лауреату, драматургу и академику, да что там — к самому Председателю Верховного совета Украины Корнейчуку А.Е. Последний удивился неожиданному визиту, и ещё более удивился, когда Некрасов В.П. предложил ему собрать и положить на стол всё ценное, что есть в роскошной квартире малороссийского Шекспира. Попытка свести дело к шутке ни к чему не привела, так как Некрасов вытащил свой фронтовой пистолет и всем видом и тоном показал, что шутить не намерен. Корнейчук, конечно, собрал, что набралось, а набралось, хотя главные деньги лежали на книжке, всё равно немало. Среди прочего — золотой портсигар.

Некрасов сложил ценности в балетный чемоданчик и двинулся было уходить, как вдруг его осенило. Он снял с полки свежую книгу Першего письме́нника Украины и повелел сделать дарственную надпись ему, Некрасову, причём пометить её завтрашним числом. Засим удалился.

Через день раздался звонок из Писательской спилки от секретаря — не то Коваленко, не то Козаченко. Смущаясь и хихикая, Коваленко чи Козаченко сообщил, что старик Евдокимыч совсем с ума зъихав, говорит, что ты его ограбил. Надо как-то реагировать, Виктор. Заходи, будь ласка.

Некрасов зашёл и посоветовал дело замять, показав книжку с дарственной надписью, сделанной вчера. Так и поступили. И дело заглохло, за вопиющей нелепостью иска.

Помучив Евдокимыча некоторое время, Некрасов пригласил его на берег летнего Днепра для разговора. Там орденоносец-фронтовик лениво раскинулся в плавках на золотом приднепровском песочке и так пребывал, когда среди пляжной публики показался унылый Евдокимыч в костюме с головы до ног. Раздеться и позагорать отказался. Некрасов перешёл к делу. Он обещал вернуть награбленное в обмен на две вещи: во-первых, Корнейчук все эти ценности жертвует в Фонд защиты мира; а во-вторых, выступает в защиту Синявского и Даниэля. Тот согласился. Но впоследствии выполнил только первое условие. Правда, и Некрасов вернул ему не всё: золотой портсигар всё-таки отложил для друга Борьки, собирателя портсигаров.

Платоныч читал оба рассказа у своих друзей Лунгиных. Когда закончил про ограбление, Михайлов не удержался:

— Платоныч, покажите портсигар.

Настолько достоверно всё было описано!

Король в Нью-Йорке

О том, как Председатель Совета министров СССР Алексей Николаевич Косыгин проснулся в своей резиденции в Нью-Йорке, куда он прибыл на Генеральную ассамблею ООН.

Он проснулся и стал вспоминать вчерашнюю беседу с Линдоном Джонсоном, Президентом США. Как они сидели друг против друга, два почтенных джентльмена, в чём-то похожие: оба стрижены бобриком, у обоих одинаковые мешки под глазами. Линдон приглашал к задушевному разговору, Алексей же Николаевич, проклиная себя, натужно отвечал ему цитатами из выступления на Ассамблее.

Помощник Косыгина, он же приставленный чекист, лейтенант Гончаренко, принёс почту. Разбирая её, Косыгин заметил на конверте слово «Керенский» и обратный адрес. В самом деле: лично Александр Фёдорович, то есть бывший российский премьер, приглашал нынешнего, то есть Алексея Николаевича, на рюмку чая. Косыгин отнёсся к этому с раздражённым недоумением, однако письмо засело, пустило корни и вскоре заполнило голову, и он не выдержал искушения. Гончаренко повёз его по адресу. За два дома Косыгин приказал ему остановиться и пошёл один, заметая следы от Гончаренки. Открыла опрятная старушка — супруга, — и Алексей Николаевич был встречен лично Александром Фёдоровичем, препровождён в кабинет, и, слово за слово (и по рюмочке, и по глоточку), беседа завязалась.

Они сидели друг против друга, два старика с одинаковыми седыми бобриками и дряблыми подглазьями. Однако в отличие от посиделок с Джонсоном напрягаться и цитировать речи не надо было, и вскоре оба заговорили запросто:

— А Китай-то вы просрали!

— Китай — не спорю, да, просрали, но Куба — наша.

Уходить было неохота, да куда ж денешься. Угрюмо добрёл советский премьер до Гончаренки, тот, не говоря худого слова, отвёз восвояси. Наутро неугомонная дочь, бурно знакомящаяся с Америкой, утащила его смотреть Ниагару. Алексей Николаевич стоял на смотровой площадке, но ни великолепие пейзажа, ни вид мощного и непрерывного низвергания огромной массы воды не трогали душу Председателя Совета министров СССР: одна мысль томила его — до чего же ему всё это смертельно надоело.

Вот всё, что сохранила память Михайлова (не самая сильная его сторона). И я предлагаю эти записи в надежде (слабой), что всё-таки найдутся где-нибудь, всплывут оригиналы двух прелестных новелл Платоныча. Ведь им уже без малого тридцать лет.

Послесловие автора

Оказавшись в Иерусалиме, познакомился я с Жанной, вдовой Ильи Гольденфельда. И что же? Оказывается, у незабвенного Вики был ещё и третий рассказ — как она вспоминает, о страстях, разыгравшихся на заседании домкома в октябре 64-го года по поводу снятия Хрущева. Тоже нечто саркастическое из области советского абсурда. Где? Где же разыскать всё это?

И тут Жанна подала ценную мысль: навести справки в киевском КГБ: а вдруг среди материалов, отобранных при обыске у Некрасова, и затесались эти шедевры? Вот и адресуюсь я к Семёну Глузману, к дорогому нашему Славе: не постучится ли он в эту интересную дверь? Теперь ему не откажут. Вдруг раскопает он в этих потёмках чистое золото Некрасовской прозы?

В ГОСТЯХ У СИЛИСА

В незабываемом 86-м — чего только не было уже! — Набокова напечатали. «Собачье сердце». На экран один за другим полезли «полковники» — фильмы, положенные цензурой на полку — «Комиссар», «Ася-хромоножка», «Интервенция». На съезде партии — коммунисты! — вдруг, хором: «Гласность! Гласность!» — самоубийцы...

Михайлов уже ходил свободный от псевдонима, навязанного ему властями в своё время. Булат Окуджава в «Литературке» призвал его вернуться к девичьей фамилии, и он охотно последовал призыву.

Явные признаки новой оттепели проступали в общей жизни там и сям — а то уж совсем стало жить тошно, особенно после широкой андроповской посадки, тихой сапой прошедшей под барабан афганской войны, когда, по сути своей верный сталинец, Юрий Долгорукий дотянулся до многих, причём не гнушался брать и повторно, подражая незабвенному своему коллеге Лаврентию Длиннолапому.

Сейчас серьёзные люди рассматривают их обоих, стремясь к объективности. И тот и другой выглядят неоднозначно. За каждым — крупный вклад в развитие ВПК (и, следовательно, науки), у каждого — масштабный государственный взгляд (а не просто аппаратный карьеризм), а также понимание необходимости реформ. То есть анализ идёт по формуле:

— Да, оба — опорные столбы и беспощадные псы людоедского режима, но при этом и незаурядные деятели, сделавшие немало для общей пользы.

Что ж, формула для нынешнего базарного толковища полезная: оголтелость антисоветская, бурно вырвавшаяся на волю, производит столь же неприятное впечатление, что и прежняя, советская, оголтелость. Вон, даже Веничка Ерофеев не удержался, создал свою контр-лениниану, сводящую образ Ильича к расхожему шаржу, а ля Борис Ефимов — помните его карикатуры на «убийц в белых халатах», с длинными окровавленными ногтями?

Всё-таки истина возникает только в контексте времени. И уж потом, после того как объект всесторонне рассмотрен во взаимодействии с историческим фоном, можно выводить окончательно:

Да, оба были незаурядные организаторы, оба мыслили масштабно и замышляли реформы — **но при этом** оба оставались опорными столбами и сторожевыми псами людоедского режима.

Вот и осень 86-го, по аналогии, для Михайлова формулировалась так: да, гласность, да, Набоков с Булгаковым — но при этом Толю Марченко убивают в чистопольской тюрьме, а Андрея Дмитриевича гноят в Горьком. Чего же стоит гласность? Чего же стóим мы все? Уж не говоря об Афгане...

И вместо расцветающих надежд, на которые Михайлов был скор, он с унылой злобой чувствовал приближение нового обмана, вроде того, с оттепелью. За дураков как держали, так и продолжают. Это уныние было острым и уже походило на отчаяние, и он не выдержал и написал единым духом монолог о трусости.

ТРУС
(записки из полумёртвого дома)

Я трус.

Я трус, трус. Ежедневный, непрерывный и, вероятно, пожизненный. Не выдающийся, а самый обыкновенный постыдный трус. Оправдания мне нет, есть только объяснение, а оправдания нет никакого.

Я не мазохист, и ни малейшего удовольствия от этого душевного стриптиза не испытываю. Я и не тщеславен, и не рвусь добиваться известности любой ценой. Но я пишу эти записки и хочу, чтобы их напечатали, потому что мне обрыдло моё молчание. Мне нужно знать: «Да, об этом было сказано, в России, в Москве, в 1986 году».

Я не собираюсь распространяться о своей жизни. Ни в коем случае. Напротив, окончив писать, я с великим тщанием вычищу из написанного малейшие признаки моей действительной анкеты.

Один пол оставлю: мужской. Хотя кто меня знает. Может быть, я и дама.

Хотя какая же я дама. Я трус — а это чисто мужское качество. Поэтому все мои горькие признания касаются только нас, мужчин.

Из-за трусости — я не могу не анонимно. Я боюсь. Зато чем анонимнее — тем смелее!

* * *

Каждую минуту **они** могут войти сюда. Каждую минуту. Вот в двери сам собой проворачивается и щелкает замок, я вскакиваю из-за стола, а в комнату уже входят трое в своих пиджаках. И первые двое как-то так, не дотрагиваясь — «позвольте, будьте любезны, позвольте» — оттеснят, отдавят меня в сторону, а третий, переждав, протянет руку в перчатке и засунет её поглубже, туда, в рычажки и пружинки моей беспомощной «ундервушки», и всею кожаной своей пятернёй с хрустом сожмёт и вытащит несчастные эти мои странички — и так вытянет, что ни одна не порвётся.

Ясно представляю, как возрадуются *они*, когда (и если) наткнутся на эти строки:

— Ложь! Клевета! Мы не врываемся без стука — мы нормально звоним в дверь! И ни в какие рычажки в перчатках не лазаем!

Ладно. Хорошо. «Без звонка», «в перчатке», «с хрустом вытащит» — это всё художества, согласен, но не в них же дело. А дело в том, что когда позвонят, я сейчас же открою и ничему не удивлюсь. Потому что *они* могут прийти сюда каждую минуту. И куда захотят.

И войдут, и разбредутся по всем углам, и вынут все ящики из всех шкафов, и влезут в самые сокровенные альбомы и бумажки, и просмотрят самые заветные письма и фотографии, и отберут, и запакуют, аккуратно, вежливо — с этой уверенной бесцеремонностью, которая и равняет их с последним уличным хамом: с уверенностью безнаказанности.

Ненавижу.

Не придумаю, как мне их назвать.

Чекисты? Гэбисты? Но ведь разведка, контрразведка, пограничники и те, которые по особо крупным хищениям, — это всё тоже Чека. А я не о них — я об *этих*. Есть же у них свой этаж на Лубянке.

Совжандармы? Комгестаповцы?

Есть у них этаж, и должно быть, не один, и всё мало им. Им, как и всякому департаменту, хочется расширяться — а расширяться они могут за счёт искоренения. Чем больше искоренения — тем больше этажей, штатов, наград и привилегий. Наше свободомыслие — для них хлеб насущный. Мы все — их потенциальные жертвы. Они нас любовно пасут, терпеливо ждут, когда мы созреем. Созревших берут и долго смакуют — а потом смотрят, хорошо ли лагерь давит человека. И в случае недодавленности растягивают срок, добавляют новый: мужчине или женщине, старому или молодому, здоровому или инвалиду — им всё равно. Им всё годится.

Лучше всего, конечно, полноценный крамольник, написавший, подписавший, открыто выступивший.

Неплох и тот, кто прочёл, перепечатал и дал почитать другому. Сойдёт и тот, кто всего лишь держал на дому («хранение»). А уж за неимением можно упечь и того, кто хотя бы собирал деньги и тряпки в помощь семье уже упечённого. Мерзость, мерзость, мерзавцы.

* * *

Как-то я ехал по Москве и вёз книжку Солженицына. Мне было страшно. Чуть подёргивалось лицо и дрожали руки.

И каждый прохожий, казалось мне, это видел и смотрел с подозрением. Из-за каждого угла могли навстречу вывернуться **они**: двое молодых, в своих пальто, с безразличным видом, и, поравнявшись со мной, вдруг крепко взять меня за локти. Или милиционер: «Ваши документы». Затем: «Пройдёмте в отделение», а там уже — **они**.

Но главное не это.

Главное — это что обычная уличная толпа, текущая вокруг вместе со мной, что она, я ждал, вдруг остановится, разом обернётся ко мне — тысячеликий Вий — и уставит на меня тысячу указательных пальцев: вот он. Вот он!!!

И я бы не удивился.

И не сопротивлялся бы.

И пока солженицынская книжка лежала у меня в шкафу, все эти несчастные десять дней, моё жильё было словно пронизано невидимыми лучами прищуренного наблюдения, напичкано незримыми ушами. Привычная мебель, даже любимые вещи стали враждебны, таили возможное предательство. Стены и полки подглядывали за мной, пальто, сброшенное с плеч на крючок, повисало на нём и сейчас же начинало подслушивать. Опасность, опасность вокруг! берегись!

И всё это лишь потому, что в шкафу моём под огромным спудом бумаг и тетрадей лежала потрёпанная книжка, извлекаемая оттуда лишь на ночь, в тишине и одиночестве, под укромный жёлтенький конус ночной лампочки...

* * *

Я трус — но всё это не бред и не преувеличение. Конечно, **они** физически не могут быть одновременно всюду, но кто мне гарантирует, что их нет **здесь? сейчас?**

Да никто.

Каждую минуту **они** могут сюда войти. Двое отожмут меня к стене, а третий сунет лапу в машинку и вытащит с хрустом эти странички.

А уж тогда...

Когда у нас в очередной раз, ухмыляясь, цитируют какие-нибудь американские благоглупости, например, что по Москве свободно разгуливают дикие медведи, я чувствую, что в этом заграничном невежестве тем не менее есть что-то верное... Что? Какие медведи? На проспекте Калинина? Который всем своим ультраурбанизмом совершенно исклю... —

Не исключает!

В том-то и дело: ничего никакой урбанизм не исключает, ни **большой** балет, ни отмена цензуры, ни брифинги наших митрополитов, ни отечественные компьютеры, не уступающие западным образцам, — всё это не исключает медведей на Калининском проспекте.

Переход из чистенькой московской квартиры в медвежью — пермскую, якутскую, колымскую — каторжную нору у нас по-прежнему краток.

И в то время как интеллигентнейший доктор наук Сергей Капица рассказывал по вашему японскому телевизору о новых инфузориях, в якутской глуши избивали другого доктора наук, Юрия Орлова, то есть вас, потому что его образ мыслей неотличим от вашего — только он не скрыл.

Никто у нас не гарантирован от позора и каторги, никто.

* * *

Но на самом деле гарантированы все.

Трусостью.

Если ты трус, тебя не тронут. Читай Солженицына сколько влезет, только потихоньку, болтай что хочешь о чём хочешь, только потихоньку. Не возникай.

Я трус, я не возникаю, меня не трогают.

Что может быть гнуснее этого признания?

Все мы трусы, все боимся **их**.

Соображение, от которого должно бы полегчать: не я один.

Но утрата — или сохранение — достоинства есть дело личное и особенное. Всё-таки не деньги.

Всё беспощадно просто.

В городе Горьком бессрочно заперт Андрей Сахаров. Вот уже сколько лет.

В городе Чистополе медленно убивают Анатолия Марченко.

Мы все об этом знаем.

И молчим.

Потому что все мы — трусы.

Ни оправдания, ни уважения мы не заслуживаем. Наши дети имеют все основания нас презирать.

Было, говорят, потерянное поколение. Где-то там, на Западе. Хемингуэй, Ремарк...

Мы — поколение трусов.

Можно и поименно.

Вы, герои-космонавты, Титов, Джанибеков, Гречко, Рюмин, вы трусы. Вы знаете о Сахарове — и молчите. Вы боитесь **их**.

Вы, коллеги Сахарова, вы, прославленная Академия наук (конечно, кроме общественников), вы все — предатели и трусы: Велихов, Марчук, кто там ещё.

Вы, мастера и представители культуры, вы, Евтушенко и Вознесенский, вы, Распутин и Белов, вы, Родион Щедрин и Олег Ефремов, вы трусы, тоже.

Вы, ученые и художники, маршалы и доктора, и гордые горцы, и отважные моряки, и храбрые альпинисты — мы все трусы, и нет нам оправдания.

Ибо гноят Сахарова и Марченко и иже с ними — а мы молчим.

Мы **знаем и молчим** — вот проклятье нашего поколения.

При Сталине мы не знали.

Мы родились в чистоте и правде и всеми силами стремились быть чистыми и правдивыми. Мы не знали, что нас надувают.

Нам открыли глаза в 56-м году. Не думали, не хотели открывать **настолько**, но открыли.

Потом кинулись закрывать, да поздно: **мы уже увидели**.

Тогда они показали кулак: попробуй пикни.

Но мы уже не можем **не знать**! Но и пикнуть не можем.

Тридцать лет — Боже мой! — тридцать лет мы **знаем**. И молчим.

Они гноят Сахарова и Марченко — мы делаем вид, что ничего не происходит. Мы видимся с ними, пожимаем руки, а они гноят Сахарова и Марченко.

У нас нет права на уважение.

* * *

Мне осталось только подписать всё это своим собственным именем.

Это будет подвиг, может быть даже более значительный, чем воинский или пожарный.

Но я — трус, постыдный, ежедневный, пожизненный.

Мне бы только знать: про это было сказано, здесь, в Москве, в наше время в 86-м году.

* * *

Один экземпляр «Труса» сгинул в глубоком подполе у приятеля на задворках Калужской губернии. Другой с надежной оказией уехал в Мюнхен; третьего не было. В Мюнхене Кронид Любарский — наш блестящий астрофизик, пять лет за самиздат, после срока эмигрировал — напечатал по старой дружбе михайловского «Труса» в своём — кажется, лучшем во всей эмигрантской периодике, — журнале «Страна и мир». Анонимно, разумеется. Мечта автора сбылась.

Резонанса не было ни малейшего. Гноение диссидентов продолжалось. Руками чистеньких тюремщиков Москва убивала Толю Марченко. Михайлов сочинил песенку о капризной Маше, не заботясь ни о поэтике, ни о грамматике.

« — Ах, Машенька-Маша, зачем ты грустна?
Грачи прилетели, повсюду весна!

— Да, а бедный чижик?
Он же сидит в клетке,
Не поёт, не скачет,
Плачет!

Ах, Машенька-Маша, да полно тебе!
Гляди, как всё краше живётся везде:
И в море, и в поле, вперёд к рубежам!
И вон сколько воли ежам и стрижам!
И вон сколько воли...

— Да? А бедный чижик?
Он всё сидит в клетке,
Не поёт, не скачет,
Плачет!»

И на все увещевания, обещания и угрозы Маша с громкими слезами отвечала одно:

«— Да, а бедный чижик?
Он же сидит в клетке!»

Утром сочинил, записал на листе печатными буквами, а вечером, повесив лист на микрофон, чтоб не сбиться, спел это в клубе под гром аплодисментов. Аллегория была ясна и слепому. По прежним меркам, можно было ждать хорошего партскандала. Однако мерки явно поменялись. Скандала не случилось. А через неделю в Горьком Сахарову поставили телефон, и он говорил с Горбачёвым. Вскоре академик вернулся в Москву, а в 87-м почти все сидевшие диссиденты освободились.

Михайлов ходил гоголем и цитировал детский анекдот:

— Моя лабóта!

Но убить Толю Марченко они успели.

***

Прошло время — съездил Михайлов на задворки Калужской губернии, вырыл своего «Труса» и перечёл. Вспомнил он диссидентское одиночество:
«На тыщу академиков и член-корреспондентов,
На весь на образованный культурный легион
Нашлась лишь эта горсточка больных интеллигентов
Вслух высказать, что думает здоровый миллион», — и их фатальную обречённость:

«Ой, правое русское слово,
Луч света в кромешной ночи!
И всё будет вечно хреново —
И всё же ты вечно звучи!» —

и многочисленные, часто злобные, крики единомыслящих: «Психи! Провокаторы! Это вы толкаете власть на репрессии!»

И, вспоминая всё это, он думал: «Трус мой — прав». Но в этой мысли не было уверенности.

Самый сильный аргумент: «При этой власти в открытом протесте смысла нет» — уже давно был им преодолён. Смысл протеста, по Михайлову, определялся не достижением практических результатов, а степенью нетерпения совести, силой нравственного сопротивления. Не могу молчать. Неважно, чем это кончится для меня — но молчать не могу. Иначе себя уважать перестану.

И всё-таки были люди, не диссиденты, к которым его «Трус» не прикладывался. И он пошёл к одному из них, к Силису Николаю.

Когда говорят «Николай Силис», тут же произносят: «Владимир Лемпорт», а раньше еще и «Вадим Сидур». Славная была троица, наши выдающиеся ваятели и живописцы, отмеченные свыше изумительным пластическим даром в сочетании с такими сразу удивляющими фамилиями: Лемпорт — Силис — Сидур. Они втроем занимали мастерскую в подвале близ Фрунзенской набережной, и Михайлов наведывался туда ещё с институтских времен. Потом Лемпорт с Силисом съехали в свою отдельную мастерскую близ Бородинской панорамы, и вот туда-то и направился Михайлов, к Силису Николаю — Лемпорт Владимир, к сожалению, лежал в это время в больнице, беседа была вдвоём.

К ним нужно входить с улицы, несколько ступенек вниз, к полуподвальной двери по пояс над тротуаром. Звонок заливисто чирикает, крепкий широкоплечий пират с выразительными, прямо-таки портретными морщинами, — Лемпорт однажды на спор нарисовал это лицо, завязав себе глаза плотным шарфом, — Николай Силис пропускает тебя на площадку прихожей. Оттуда входишь вправо, в кают-компанию с длиннющим деревянным столом-видавшим-виды, — либо сбегаешь по трапу вниз, в просторный зал, уставленный скульптурами и увешанный по высоким стенам ими же и всякой другой всячиной. И там Михайлов мог застревать подолгу, разглядывая заново знакомые вещи и знакомясь с новыми. И всякий раз испытывал он радость от столь близкого ему сочетания пластики с юмором — божественным юмором, с которым, например, можно изображать скорбь.

Из цельного древесного ствола давным-давно — вытесал? вырубил? — вываял Силис девушку с поднятыми и сомкнутыми над головой руками, условную девушку, строго говоря — вертикально вытянутую и отполированную восьмерку — а на самом деле — юную обнажённую фигурку, во всей прелести девичьей доверчивости и чистоты — Михайлов влюбился в неё. Обхватив пьедестал, вынес на середину мастерской и любовался до слёз. Силиса это потрясло. И он подарил Михайлову свою Галатею. На шестидесятилетие.

...Эйнштейн, Нильс Бор, в натуральную величину, на скамье, с длинными трубками и с высокими лбами. Хикмет, Слуцкий, Юра Коваль, Дон Кихот, грустный и трубчатый.

«Как буен этот подбородок!
Как пистолетен этот нос!
А вот булыжник — сколь он кроток,
Сколь он обмяк от вин и водок,
Сколь он щетиною оброс!» —

записывал Михайлов в восторге — в середине 60-х ещё!

У Толстого в «Войне и мире» Андрей Болконский трудится над составлением важнейшего документа «Права лиц». Но однажды вдруг он представил своих мужиков и баб деревенских, приложил к ним мысленно свой трактат, засмеялся и, махнув рукой, прекратил работу.

Вот и Михайлов — мысленно прикладывал своего «Труса» к любимым «лемпортам», как именовала их вся дружеская округа, — и не прикладывался он! Ко всем перечисленным космонавтам-лауреатам прилипало вмиг, а к «лемпортам» — нет. Может быть, потому, что они легко и во все времена принимали у себя отъявленного диссидента Петю Якира? Да нет, большой храбрости для этого всё-таки не требовалось. Может, потому, что Михайлов слишком сильно их любил, чтобы вставлять в «трусливый список»?

Какое-то особое право подозревал он за ними — не рисковать своей свободой даже ради совестного дела, которое бывает выше не только свободы, но и жизни.

Потому что творили они нетленную красоту и, видя в этом своё высшее предназначение, не могли, не имели права ему изменить?

Потому что такое испытание совести было для них недостаточным, чтобы отказаться от своего назначения?

Потому что для подобного отказа требовалось гораздо большее испытание — например, предложение сотрудничества, требование доноса или ещё что-нибудь в духе *их* дьявольского арсенала?

Так или иначе, но представить себе: вот он идёт к «лемпортам» с неким «возмутительным листом» и просит их подписать — Михайлов не мог: нелепой, неестественной оказывалась в его глазах эта ситуация.

Но почему? Почему?

А поди к Силису и спроси.

Они сидели за столом-видавшим-виды, потихонечку поклёвывая дежурную бутылочку.

Михайлов повёл речь издали, желая подъехать к теме не торопясь: вот помнишь ли, Коля, то время, тогда ещё подписи собирали, кто подписывал, кто не подписывал, кто считал, что диссиденты только воду мутят...

— Да трусили мы, — сказал Коля.

Пауза.

— Как это?.. — тупо переспросил Михайлов.

— Да так. Трусили, боялись, значит, — растолковал Силис. — Все читали, все понимали, разделяли — полностью, сочувствовали — всей душой, но чтоб самим, так сказать, пойти на дело — вот тут да, тут кишка была тонка. Что ты! Они для нас герои были — Сахаров, Солженицын, Петя твой — мы просто преклонялись перед ними. Но чтоб сами, плечом к плечу, так сказать, — увы, увы. Как-то жалко было бросать всё это. Ведь пришлось бы.

И он повёл рукой в сторону обнажённой натуры в дереве и бронзе.

***

Долго размышлял Михайлов, с друзьями беседовал, в параллелях рылся и так и этак прикидывал, а потом сел и записал следующее.

Дорогой мой Трус. Обвинение твоё, брошенное в лицо моему поколению, несправедливо. Хотя бы потому, что оно вполне приложимо и к поколению пушкинскому, и к некрасовскому, то есть к современникам декабристов и народников. О сталинских временах уж я не говорю. То есть кроме перечисленных тобою космонавтов и академиков — и

Пушкин выходит трус, и Толстой с Гоголем.

Приложи своё обвинение к диссидентам — и ты увидишь: далеко не все они стояли до конца. Одного хватало на единственную подпись, другого — до первого ареста, третий — был такой случай — сломался на следствии, потому что готовился к 190-й статье (до трёх лет лагеря), а ему объявили 70-ю (до семи лет). К семи он не готовился. Твой список храбрецов резко сократится от такого прикладывания.

Ты возразишь:

«Хотя б на год, на день, на час, на миг —
Был всё же крик».

Но ведь и кроме крикнувших — режиму многие сопротивлялись повсюду, где и как могли, отстаивая свободное слово и вольную мысль в живописи, кино, театре, журналистике, литературе, музыке, в науке и философии, в преподавании — да во всём. И к этому молчаливому сопротивлению обвинение в трусости тоже как-то неприложимо.

А приложимо ли оно к тем, кто, будучи лично храбр и готов рискнуть свободой и даже жизнью, тем не менее опасается того, что неминуемо должно будет обрушиться на его близких? Я, например, до сих пор с большим смущением воспринимаю выход на площадь с детской коляской. Были такие случаи.

Наконец те, кто начальства не боялся, но не видел целесообразности в открытом протесте.

В 1996 году Михайлов предложил известному писателю, бывшему узнику сталинских лагерей, абсолютно бесстрашному человеку, подписать письмо-протест против чеченской войны. Он отказался:

— Был бы толк, а то ведь не будет его. А без толку письма подписывать я смысла не вижу.

Такого человека в «трусливый» список не занесёшь. Хотя этой формулой многие оправдывали свой страх за собственное благополучие. Но я не о них. Я говорю о лично храбрых людях, которые молчали не из трусости, а по другим, вполне уважительным, причинам.

Кроме того, молчание не означает бездействия. Скрытый протест может быть не менее эффективным, чем открытый. Например, осуществление свободы творчества явочным порядком. Лемпорт и Силис — и не только они — как раз этим и занимались.

Галич написал:

«Промолчи — попадёшь в первачи.
Промолчи — попадёшь в палачи»

Но Высоцкий на площадь бунтовать не ходил, писем не подписывал, лишь поучаствовал в полукрамольном альманахе «Метрополь» — короче: на статью не шёл. Но — молчал ли он? И будем ли мы сравнивать силу его вопля о свободе и суровую лиру Галича?

Так что, дорогой мой Трус, твоя иерархия храбрости не годится. Кто открыто выступил против власти — смельчак, кто смолчал — выходит, трус. Но, как видишь, не выходит.

Дело-то было общее — сопротивление режиму. Диссиденты шли на открытый бой, честь им и хвала. Но ведь шёл и скрытый бой, повсеместно.

Вольные художники, независимые литераторы и т. п. — да что говорить: диссиденты партизанили против режима, другие — саботировали его. В армии сопротивления части выполняли каждая свою задачу. На передовой дрались, тылы помогали, пропаганда работала, врачи спасали, и если раздавать ордена — то заслужили и те, и другие.

Откуда же у диссидента право свысока смотреть на других? Войнович диссидентом не был, на статью не шёл — но как нагадил советской власти! И неужели стопроцентный диссидент Володя Буковский запишет его в «трусы»? Разве капитан десанта станет презирать героев тыла за то, что они не в передовых окопах? Чушь какая. Как поет Тиль Уленшпигель:

> «Каждый из нас в своём бою
> Или погибнет, или спасётся.
> Я свои песенки пою,
> Мне за них тоже — ох, достаётся!»

Булат на статью не шёл, диссидентом не был — пел свои песенки.

По твоей табели о рангах — кто он выходит? Табель молчит.

Итак, прикинем.

Режим хватает и гноит людей за правду.

Это — больно. Не могу молчать. Иду на площадь. Жертвую своей свободой на несколько лет.

Мне — тоже больно. Но свободой жертвовать не буду. Она мне нужна для жизни. Но боль эта поможет мне противостоять режиму везде, где смогу.

Обе позиции представляются достойными. Если не продлить первую до:

— Я жертвую свободой ради совести — так и другие должны!

Тут-то и выясняется суть неправоты моего Труса: личный выбор он принимает за общий долг.

Дело-то — совестное. А жить по совести — это у кого насколько хватит сил. И может быть, Эренбургу, который всего только **вышел из зала,** где осуждали «врачей-убийц в белых халатах», стоило это не меньше, чем Павлу Литвинову **выйти на площадь** с протестом против оккупации Чехословакии.

Не в том дело, что трусишь, а в том, как ты этот страх одолеваешь.

Кто как может. И упрекать за то, что не смог больше, может только Всевышний.

Таково моё личное мнение.

Кто скажет лучше — пусть скажет.

ОДНАЖДЫ МИХАЙЛОВ С КОВАЛЁМ

1.

Земную жизнь пройдя до эпилога, Михайлов однажды очутился в сумрачном лесу. Стояло лето третьего года. Неделю тому, воротясь из Европы, Михайлов наутро беспощадно спросил себя: «Ну и что ты изо всей Европы запомнил?» — и столь же беспощадно ответил: «Ничего. Разве только этот переливчатый парчовый звон, издаваемый швейцарскими коровами на альпийских склонах». (Они там пасутся, и у каждой на шее — колокольчик величиной с ведро. Вблизи слушать эту жесть невозможно, но расстояние всё преображает. На этом основано искусство пуантилистов).

Закрыв глаза, Михайлов попробовал вообразить пейзажи, на которые вслед за швейцарскими коровами ему действительно хотелось бы взглянуть. И, к его удивлению, вместо прерий и Монбланов полезли со всех сторон камчатские закаты, Красноярские Столбы, норильские тундры и река под названием Лужа — то есть сплошная Россия. И интуитивный порыв вынес его из-за стола на станцию железной дороги, электричка доставила в подмосковные какие-то дачи, он пошёл, дачи кончились, и он очутился в сумрачном лесу.

Вокруг него сосновые стройные стволы, коряво-тёмные до талии и золотисто-гладкие выше, возносили к небесам свои сизо-голубые хвойные кроны, образуя тенистую колоннаду. Сумрак в ней был живой, сияющий и отдавал пионерским детством. Так и казалось, будто вдали между стволами вот-вот мелькнут велосипедные спицы и белые носочки. Электричка где-то за деревьями отстучала свою быструю пробежку — как стучала она полвека тому, когда он был студентом и прогуливался по лесу с ослепительно красивой Лялей. Сосны одобрительно осеняли михайловские воспоминания, и из его учительской памяти сами собой всплыли слова тургеневского героя: «Природа — это храм...»

На что другой тургеневский герой возразил:

— Природа — это мастерская, и человек в ней работник.

На что Михайлов примирительно ответил:

— А для художника природа и то и другое. Работая в ней как в мастерской, он тем самым превращает её в храм искусства.

Тут из-за ближайшей сосны вышел Коваль и сказал:

— Совершенно с тобой согласен.

Коваля уже восемь лет как не было на свете. И вдруг он выходит из-за сосны. И Михайлов не так уж этим потрясен, как будто если и не прямо ждал, то, по крайней мере, был всегда готов.

Одно время его действительно одолевало подозрение, что однажды они вдруг все выйдут из-за угла — и Коваль, и мама, и Борис Борисыч, и Гришка с Ильёй, все-все, и встанут перед ним, ласково улыбаясь: «А? Здо́рово мы тебя разыграли?»

Тем не менее небольшой холодок всё же по Михайлову пробежал и воплотился в вопросе: «Что — пора?»

— Миха́лыч! — Коваль весело округлил свои неотразимые глаза. — Ну ты прям меня обижаешь. Неужели же я похож на вестника горя? Или шестикрылого серафима? На Георгия Победоносца, не скрою, похож, тем более, мы с ним отдалённые тезки, но на этом сходство кончается. У нас с ним разные внутренние миры.

— Юра, не п...., — сказал Михайлов и тут же захлопнул рот ладошкой. Коваль участливо похлопал его по плечу:

— Ну, ничего, ничего. Согрешил, конечно, но ведь и спохватился. А с другой стороны, я ведь как мастер слова и не могу предложить тебе другого термина. «Не бреши»? «Не шути»? Нет, всё не то. Так что слово тобою употреблено единственно возможное, а значит, греха на тебе нет. Это и есть решение проблемы употребимости мата в литературном языке. Фельдблюм когда ещё открыл.

— А... — начал было Михайлов.

— Ну, конечно, увидишь, — перебил его Коваль. — Много кого увидишь, я так думаю. Ну, а что ж: Данту можно, а тебе пуркуа? Тем более, судя по твоим стихам, ты весь извёлся, до того охота тебе повидаться. Как это:

«Мне ль того не хотеть?
Мне ль о том не мечтать?
Скольких я проводил уже в землю сырую,
Не успев на земле слова толком сказать.
Ведь надеюсь ещё!
Неужели впустую?»

Это же вопль души!
— И мне, выходит, премия?
Коваль приобнял Михайлова и повёл по тропинке:
— Да какая тебе разница, Михалыч? Тебе, что ль,

мало меня повидать? Помнишь Гришкину любимую:

«— Ты куда меня ведёшь,
Такую молодую?
— На ту сторону реки,
Иди не разговаривай.
— А...
— Увидишь, я сказал...»

Какого ещё было рожна Михайлову? Да никакого. Раза два он сморгнул, тщетно ожидая, что Коваль исчезнет или, наоборот, из-за сосен выступит ещё кто-нибудь.
Но сосняк по-прежнему величественно возвышался, золотистый сумрак реял, а они шли по светлой тропе, распевая по своему обыкновению:
«Эх, когда мне было лет семнадцать,
Ходил я в Грешнево гулять!..»

— пока не блеснула перед ними тихая вода, а при ней мостки с пришвартованной к ним —
— Ну, конечно, — сказал догадливый Михайлов. — Ну, ещё бы. Знаменитый «Одуванчик», самая лёгкая лодка в мире.

2.

Да, это была она. И вы, читатель, если вы настоящий читатель, безусловно, узнали её. Но если вы всё-таки тот настоящий читатель, который каким-то образом, уж не знаю каким, умудрился пройти мимо и не прочесть эту вещь Коваля, эту жемчужину русской прозы, то, чтобы стать окончательно настоящим читателем, подите и прочтите её. Идите прямо сейчас, как гласит реклама рынка на Каширке.

Как Коваль среди зимы разыскал в глухих подвалах Сретенки эти давно забытые бамбуковые брёвна. Как подмосковный мастер сотворил из них эту лодку, как поднял её одной левой и бросил перед Ковалём на пол кверху дном — а затем прыгнул на неё и подпрыгнул несколько раз, а она только пружинила и подбрасывала прыгуна, как батут.

Маршруты, которые выписывал на ней Коваль, поддаются только его описанию. И то, что теперь предстояло Михайлову невероятное плавание на этом невероятном изделии вместе с его автором, шевельнуло в голове смутную догадку: уж не является ли оный заповедник тем местом, которое определяется дурацкой формулой, извлечённой Губерманом из недр русского фольклора и звучащей, как шлепанье парного веника по жопе: сбыча мечт?

Ведь одной из заветнейших мечт Михайлова была вполне достижимая фантазия погулять с Ковалём по его охотам и рыбалкам, похлюпать по его водам в болотных ботфортах с мушкетёрскими отворотами, поплевать на розового червяка, прежде чем отправить его в полёт над тёмным зеркалом омута, куда он спикирует по тонкой дуге нейлоновой нити вместе с комочком свинца, оставив на поверхности сразу насторожившуюся фигурку бдительного поплавка. (Любил Михайлов красивые абзацы — и у других просмаковать, и самому учинить). А по жизни — скатился он раз на плотах по реке Быстрой, что на Камчатке, где вся его рыбалка бесславно завершилась утоплением четырёх чужих блёсен.

Коваль же всё время был гораздо ближе Камчатки, то есть буквально под рукой — и он ни разу его не достигнул. И все свои роскошные леса и озера, пустоши и урочища проходил Коваль без Михайлова, от чего нельзя сказать чтобы очень страдал. Чего о Михайлове, наоборот, никак не скажешь.

Страдал.

Хотя и не так чтобы очень.

И что ж такое мешает человеку достигнуть достижимого при горячей желаемости? «А чёрт его знает!» — как воскликнул президент Ельцин в ответ на вопрос, куда делись 500 миллионов, перечисленных в Чечню.

Но что же, в свою очередь, воскликнул Михайлов, увидя поблёскивающие лаком бока заветного бамбука, легонько постукивающие о мостки?

— Коваль! — воскликнул он с пафосом. — Но это не «Лавр Георгиевич»! Где «Лавр Георгиевич», Коваль? Я не вижу его!

3.

Настоящему читателю, дорогой читатель, незачем объяснять, что такое «Лавр Георгиевич», хотя неизвестно, известно ли ему, КТО такой Лавр Георгиевич? Конечно, если вы, читатель, ещё и настоящий историк, то имя генерала Корнилова Л. Г. вам объяснит всё, кроме одного: почему измышленный Ковалём фрегат носит это имя, так как известно совершенно точно, что, поименовывая судно, Коваль доблестного генерала в виду не имел, хотя безусловно был историком, так как окончил историко-филологический факультет и о генерале знал. Есть подозрение, что на Коваля подействовала торжественная раскатистость этого словосочетания, величавая античная двусмысленность имени и перекличка отчества с упомянутым уже Победоносцем и собственно с Ковалём. Так что, думается, если бы он захотел просто увековечить белого мятежника, то так бы фрегат и назвал: «Генерал Корнилов». (Согласитесь, что, прочитав на борту какого-либо лайнера «Александр Сергеевич», не станете же вы утверждать, что речь идёт о Пушкине, и только о нём. Ибо, если всё-таки станете, немедленно получите по носу: «Отчего же именно Пушкин? А Грибоедов, вы полагаете, не претендент? А, в конце концов, Есенин-Вольпин чем не кандидатура?» Уж не будем говорить о варианте «Михаил Михайлович» — тут образовалась бы основательная очередь: артист Козаков, сатирики Зощенко и Жванецкий, советник Александра Первого Сперанский и целых два Задорнова, из которых один — вот наказание! — тоже сатирик).

Таким образом, сурово вопрошая Коваля о «Лавре Георгиевиче», Михайлов имел в виду известный вам, читатель, фрегат, и только фрегат, тот самый, на котором Коваль осваивал свой невероятный архипелаг под командованием незабвенного капитана по имени Суер-Выер.

Да, уж если бы это имя украсило собой чей-то борт, никто в мире не усомнился бы, кто именно имеется в виду.

— Ты, Михалыч, даёшь! — изумился Коваль, округляя неотразимые очи. — «Лавра Георгиевича» ему подавай! Может, ещё и мадам Френкель вместе с её одеялом? Данте Алигьери — ничего, пешком гуляли, без претензий, а тебе, вишь, «Одуванчика» мало.

— Да ладно тебе, — Михайлов уже умащивался в бамбуковой пироге. — Я что? Я ведь только спросил: где, мол, знаменитый фрегат, что-то я не вижу его в составе флота.

— «Лавр Георгича» ему... — продолжал ворчать Коваль, отпихиваясь веслом от берега. — «Лавр Георгич», брат, на приколе пока.

— Что ж так? А Суер-Выер?

— Сидят на бережку и ждут воплощения.

— Чего-о-о?

— Воплощения, чего... Мало ему моей нетленной лиры, он жаждет иных ипостасей... Да что ты, Михалыч, пристал? Увидишь...

— Но «Лавр-то Георгич» как же без капитана?

— Потому и на приколе. А вместо капитана — претенденты, блин. И первый претендент, блин — он, Бонапарт грёбаный.

— Да кто же, кто?

— Кто-кто. Он. Генерал Корнилов.

И Коваль так сурово насупил брови, что Михайлов отложил свои расспросы до времени.

4.

Меж тем «Одуванчик» легко бежал по водной глади, распуская из-под носа длинные усы. Берега были зелены и кудрявы. «Парковые леса», — сказал Михайлов со знанием дела, и в самом деле время от времени мелькала то белоснежная беседка, то вдруг распахивался зелёный склон, поднимающийся к красивому шале, из которого сыпалась к речке весёлая гурьба с зонтиками и бадминтоном, призывно маха́я руками — но Коваль, сделав ручкой, продолжал править мимо, на все реплики Михайлова отвечая: «Потом, потом» или «Везде приставать — замучаешься концы отдавать». Он явно стремился к пункту первому своего графика. Вскоре, судя по тому, как он приосанился и несколько напрягся, Михайлов понял, что цель близка.

Сначала показалась белая ограда. Она состояла из мраморных столбиков, увенчанных небольшими мраморными бюстиками, каждый из которых увенчивался ещё и небольшим веночком из лаврового листа, водившегося тут в изобилии. По приближении стало ясно, что бюстики на столбиках изображают различных мужчин, ничуть не похожих на римских императоров. Зато на причале во весь рост возвышались четыре мраморных атлета, также в венках и прикрытых в должном месте мраморным лопухом — они поддерживали красивый портик, на котором витиеватыми вензелями было обозначено:

Ю — И

Настроенный лавровыми героями на античный лад, Михайлов расшифровал:

ЮПИТЕР ИММОРТЕЛЬ

и вопросительно поглядел на Коваля.

— Не торопись, Михалыч, не торопись, — терпеливо сказал Коваль. — Познавай неведомое по мере его поступления.

«Одуванчик» коснулся причала, немедленно вышел во всём белом строгий дежурный.

— Пароль?

— «Юрий Осич», — откликнулся Коваль и в свою очередь сухо осведомился: — Отзыв?

— «И только Юрий Осич», — отчеканил белый. — Здравствуйте, Юрий Осич. Кто это с вами?

— Это Михалыч, — тепло отрекомендовал Коваль своего друга.

— Как «Михалыч»? — переспросил белый с угрожающим сарказмом. — Может, он ещё и Михаил?

— Юрийосич, дорогой, — заговорил Коваль, нагнетая гнев. — Что я, не знаю, кого сюда везть? Михайлов это, Михайлов! По должности обязан знать: он вашей конторе в своё время все глаза намозолил, а ты куда глядел? Смотри, смотри в заявку: «Михайлов, Ю. Че». То-то. А для друзей он «Михалыч», ещё с института.

Белый молча проставил галочку в заявке, ошвартовал лодку, и друзья двинулись в открывшийся посёлок. Белый шёл следом, держась поодаль.

— Только имя позорит, — благодушно кивнул Коваль в его сторону. — Кагэбэшник херов. Небось, с Юрия Владимыча анкету не спрашивал? — вдруг ехидно вскричал он, оборотясь к тому. Тот криво ухмыльнулся. — Как же, как же, — продолжал Коваль. — Заезжал сюда начальник, заглядывал душегуб. Стихи читал. Он тут расписался — не унять. Прямо какое-то стихонедержание. Содержание соответственно — моча мочой, но присутствовали все. Всё ж таки что ни говори... —тут Коваль вложил в короткую паузу огромный монолог, но озвучил лишь последнюю фразу: — ...Андропов есть Андропов.

Они шли по улице, со всех сторон высовывались приветливые физиономии, и то и дело раздавалось:
— Юриосич, привет!
— Доброго здоровья, Юриосич!
Даже послышалось:
— Юриосич, ма нишма?[1]
На что Коваль отвечал небрежно:
— Беседер, беседер.
Вдруг посреди дороги Михайлов хлопнул себя по лбу:
— А я-то! Я-то! Ха! «Юпитер Иммортель»! Это же посёлок имени тебя! «Ю-И» — Юрий Иосич, да? Ну, Коваль, ты даёшь!
— Догадлив ты, брат, — хмыкнул Коваль, — Да не совсем. Не «Юрий Осич», а «Юриосичи». Нормальное русское наименование. Барановичи, Сухиничи, Высокиничи... А у нас — Юриосичи. Все до одного, включая основоположников. На причале четырёх голых мужиков заметил? Распознал? Ну, хотя бы меня?
— Лавровые венки меня сбили, — смутился Михайлов. — Всё-таки они очень искажают человеческие черты.
— По крайней мере, в лучшую сторону, — заметил Коваль. — Лицо становится благородным до неузнаваемости. А ведь там рядом со мной ещё и Визбор, и Домбровский, и Коринец.
— Юриосичи! Действительно! Все до одного! — неизвестно чему обрадовался Михайлов.
— Ну! — обрадовался и Коваль. — Ты меня понимаешь? Я когда ещё их хотел собрать, и вот только теперь.

---

1 - Беседер (иврит) — Хорошо (буквально — «В порядке»)

— И только четырёх?

— В своём кругу больше ни хрена не нашлось, — опечалился Коваль. — Юриев этих — как грязи, Иосичей тоже хоть жопой ешь, но чтоб одновременно — только они, то есть мы. Собрались, провозгласили, выпили — а наутро этих юриосичей набежало! То есть я даже возгордился, сколько их оказалось в наших рядах. Без говна, конечно, тоже, как ты заметил, не обошлось, но в основном народ приличный.

— Может, следовало ограничиться одними писательскими юриосичами во избежание говна?

— Но тогда кто ж бы всё это построил? — горячо возразил Коваль, и в голосе его прозвучала историческая неизбежность говенного процента в каждом благородном деле.

— А кроме «Юриосичей»? «Иван Иванычи», например, с графом Михельсоном во главе? Или «Юрьлексеичи» с Гагариным?

— Только «Михал Михалычи» — больше плагиаторов не нашлось. Только эти. Целый городище, даже ипподром свой. Не любим мы их, — поморщился Коваль.

— Единственный порядочный человек — Зощенко, дядя Миша. А так... Мало того что идею сперли, ещё и форс давят, дешёвки — ничего, футбол покажет, ху из где. Футбол всё расставит по надлежащей табели. Можете говорить что угодно, а футбол — он не говорит, он утверждает.

— Так у вас сегодня, что ль, решающая с Михалмихалычами?

— Нет, главные сражения впереди, — важно сказал Коваль. — Михалмихалычей голыми зубами не возьмёшь. Так что сегодня товарищеская встреча. Так сказать, для разминки в свете предстоящих боев. С нашей стороны выступают основоположники.

— И Визбор, значит?

— И Домбровский, и Коринец.

— А против вас кто?

— Михал Евграфычи, — сказал Коваль, пряча смущение. — Их, признаться, еле-еле набралось для игры. Но ведь встреча-то товарищеская, очков считать не надо. С другой стороны, капитан у них — это какой-то самум. Опровергает все хрестоматийные представления. Ну что мы о нём знаем? «Карась-идеалист»... «Премудрый пескарь»... «жил-дрожал, умирал-дрожал...» А тут! Все бы так дрожали.

Разговаривая так, они пришли на стадион, который кипел в ожидании. Юриосичи всех возрастов и калибров просто кишели кишмя.

И Михайлов увидел футбол своей мечты.

5.

Это был вольный футбол. Юриосичи играли впятером против одиннадцати. Основоположники поставили на воротах давешнего в белом чекиста, полагая, что именно здесь и найдёт себе наилучшее применение его профессиональная бдительность, а от остальных полевых отказались, чтобы соблюсти чистоту легендарного квартета. Кроме того соперник заслуживал форы: он представлял собою то, что называется с бору по сосенке, и, кроме капитана, опасений никто из них не вызывал. Главный же Михал Евграфыч, выдающийся русский сатирик и вятский вице-губернатор, с лицом, изборождённым страстями, и взором, пронизывающим насквозь — вот он, да, он опасения внушал, и они подтвердились.

Никогда ни на одном чемпионате Михайлов не видел такой игры, какую показала четвёрка Юриосичей — основоположников одноимённого посёлка. Вот ещё раз их имена.

Домбровский — быстрый и резкий, он больше остальных был нацелен на результат, и завершающая стадия, как правило, отдавалась ему. Для него любое положение было ударным. Подкаты под него всегда поражали воздух и часто заканчивались вывихом щиколотки. Он бил с обеих ног, как Джеймс Бонд стреляет с двух рук. Поджарый и стремительный, он пронизывал двойные кордоны, как нечего делать, его умные иронические глазки зажигались беспощадным холодом — сказывалась зэчья порода — и, продолжая бешеный выстрел бутсы, мяч улетал по пологой дуге якобы в сторону от ворот, коварно выкручивался на снижении и торжествующе впивался в дальний от вратаря угол.

Зато Коринец, маленький, лысый, с короткими ворошиловскими усиками под носом — скромный детский писатель и незаурядный боец по питейной части — он казался очевидной брешью в сверкающем квартете основоположников, и в неё охотно устремлялось вражеское нападение, что было роковой ошибкой, так как ему не было равных в отборе мяча. Равно как и в приёме. С какой бы силой ни был запущен снаряд, Коринец снимал его мыском бутсы с самой замысловатой траектории, с тем изяществом, с каким снимают пылинку с плеча —

лишь бы можно было достать ногой. А достать он мог всегда, так как с непостижимой интуицией неизменно оказывался в той именно точке, через которую проходил полёт мяча, перемещения которого он просчитывал, как на бильярде. И иной раз совершенно обескураживал публику, когда внезапно принимался бежать ни с того ни с сего на юго-восток, пока борьба кипела на севере, но через три касания мяч оказывался у него на мыске, а дальше оставалось отпасовать его Визбору.

Визбор и в футболе стоял на распасе — как обыкновенно стоял в волейболе. Он ухитрялся видеть поле сразу во всех измерениях. Броуновское движение мотающихся по стадиону игроков представлялось хаотичным кому угодно, только не ему. Необъяснимыми передвижениями меняя ритм и угол, Визбор выписывал хитроумные узоры (например, петлю Мебиуса), то угрожая рывком, то пятясь вглубь обороны — дожидаясь расположения фигур, оптимального для гениального паса. Причем это мог быть совершенно невинный отсыл пяткой тому же Коринцу, но эта невинность мгновенно оборачивалась неотразимой атакой — подобно тому незаметному движению пешкой на 18-ом ходу в известной партии Каспарова с Анандом, которая через три хода закончилась полным разгромом последнего.

А как виртуозно он водился! Давно уже, давно замечено, что дриблинг — родной брат горным лыжам (его любимым). Когда Визбор разогревался, следовал просто какой-то каскад двойных флинтов, боковых батманов и обратных восьмёрок. Половина стадиона приходила, только чтобы взглянуть на это чудо (и он об этом знал). Дождавшись, когда противник окончательно привыкнет к нему как к распасовщику, Визбор выдавал своё коронное соло из глубины обороны, чуть ли не от ворот — иначе как гигантским слаломом это не назовешь — и завершал проход роскошным рикошетом от штанги прямо в ноги набегающему Домбровскому.

Но, конечно, звездой, капитаном, духом четвёрки был Коваль, который, подобно своему когда-то трёхлетнему Алешке, умудрялся быть одновременно везде. Ибо им двигало коренное свойство русского интеллигента, а именно: ответственность за всё. Полностью и абсолютно полагаясь на каждого солиста своего ансамбля, Юриосич № 1 тем не менее обслуживал каждого из них, то есть максимально облегчал им обслуживание его самого. Всё-таки выступать вчетвером против одиннадцати — не шутка. Поэтому Коваль старался один за недостающих шестерых и то и дело пасовал сам себе. Сумма его единоборств и ударов по мячу за один матч равнялась сумме всех остальных. При этом он оставался самым неприкасаемым, ибо, как показала статистика, 90% времени он проводил в воздухе, что гарантировало ему лёгкий уход от жёстких контактов.

Вот кто управлял общей тактикой сражения. «Фигура девятая!», — объявлял он в начале очередной атаки, и на поле разворачивалось действо, где largo и allegro чередовались с adagio и allegro vivace. Нарочитая аритмия доводила соперника иной раз до того, что они просто останавливались. Все до одного.

Кроме капитана. Великий сатирик отнесся к матчу, как к битве за Брестскую крепость, то есть дрался до последнего патрона, заведомо зная, что проигрывает. Честь и достоинство Михал Евграфычей взывали к подвигу. Слабость техники он с лихвой возмещал усердием, и там, где даже молниеносный Коваль делал шаг, он делал три, что временами выносило его за пределы поля. Неудержимость и упорство сверкали в его трагических глазах, и был момент, когда Коринец, случайно встретясь взорами, обомлел, и Евграфыч пронёсся беспрепятственно — так что лениво бездельничавший голкипер прекратил щёлкать семечки и начал было старательно растопыриваться, подобно крабу, стремясь заполнить зеркало ворот — но тут сбоку налетел Коваль и, видя, что не достигает врага, внезапно гаркнул во всё горло:

— А знаешь ли ты, что такое добродетель??!!

Сделав по инерции несколько шагов, классик остановился и, взглянув на Коваля с какой-то смущенной благодарностью, побежал назад, качая головой. Откуда ему было знать, что Коваль целый год преподавал русскую литературу в Татарии.

Дело шло к перерыву. Юриосичи заколотили уже четыре безответных, и Коваль протрубил:

— Фигура шестнадцатая!

Коринец концом бутсы снял с воздуха посланный ему мяч, коротко адресовал его Визбору, тот дождался Домбровского с Ковалём, и вот, растянувшись небольшой цепочкой в четыре звена, они, не спеша перепасовываясь, побежали к штрафной площадке Евграфычей, где, оставив мяч в ногах классика, дружно разбежались, заранее аплодируя в ритме «Спар-так — чем-пи-он!»

Главный Евграфыч, развевая бородой, ринулся вперёд и, не встречая преград, разбежался так, что влетел в ворота Юриосичей раньше мяча, который следом даже не вкатился — вошел пешком. Бдительный голкипер, согласно «фигуре шестнадцать», закрыл лицо ладонями, изображая отчаяние.

Тотчас же и прозвучал свисток к перерыву. Квартет великих Юриосичей, положив руки на плечи друг другу, исполнил первые двадцать тактов М. Теодоракиса «Сиртаки». Стадион взвыл и унёс их на руках в раздевалку.

(Второй тайм был отменён. Во-первых, за явным преимуществом хозяев. Во-вторых — совершенно в стиле Коваля! — прокравшийся в раздевалку Евграфычей лоцман Кацман похитил дефис, соединяющий обе части фамилии капитана, и Салтыкова с Щедриным мгновенно разнесло в разные стороны. Таким образом Евграфычей стало двенадцать, а это было вопиющее нарушение правил, равносильное пребыванию на поле одновременно двух мячей).

6.

Румяные от радости, выбежали из раздевалки Коваль с Визбором, оставив Коринца с Домбровским на дружеское растерзание восторженному населению.

— А поворотись-ка, сынку! — сказал Визбор, остановившись перед Михайловым и смеющимися глазами оглядывая его ладную фигуру. — Добре, добре. Ну, здорово, старик (они обнялись), хорошо выглядишь.

— Ты тоже ничего.

— А здесь все хорошо выглядят. Нет причин выглядеть нехорошо.

— И даже, к примеру, Иосиф Виссарионович?

— Он — да, он выглядит, — засмеялся Визбор, — Вот увидишь. Поехали.

Они прыгнули на «Одуванчик», и бамбуковый снаряд стремительно полетел вдоль кудрявых берегов.

— Ну-ка, ну-ка, — прищурился Визбор. — Прочти-ка нам, провидец, что ты там себе навоображал о здешней жизни. Какие-такие концерты мы тут себе устраиваем?

— Уж они себе навоображают, — сварливо подхватил Коваль. — Иногда становится просто стыдно, до чего утилитарно ихнее воображение. И не просто утилитарно, а я бы сказал, в высшей степени неконгруэнтно! Неконгруэнтно, и хоть ты что!

— Ладно, Коваль, не доводи до абсурда, — улыбнулся Визбор. — Причём тут конгруэнтно — неконгруэнтно. Прям как маленький. Услышит чудное слово, запихнет его себе за щеку и обкатывает, как леденец, и всё равно ему, корвалол это или Корвалан, лишь бы во рту каталось.

— Да знаешь ли ты, что такое добродетель?! — внезапно рявкнул Коваль и сам же заржал. — Давай, Михалыч, читай, разворачивай свою панораму, где для всех нашлось у тебя место, кроме меня. Но я не взыскую.

— Да уж, Юр, не взыщи уж, — смутился Михайлов. — Да я вставлю, вставлю. Я туда и так помаленьку вставляю.

— Что ж, — важно сказал Коваль. — Жизнь есть

жизнь. Она всегда вносит свои корректуры.

— Коррективы, ты хочешь сказать, — машинально поправил его Михайлов, будучи неисправимым школьным учителем, и начал чтение:

«Ведь это невозможно
Представить и в мечтах,
Какой концерт, ребята,
Идёт на небесах!
Какие там гитары
Сегодня собрались!
А кто сидит в партере,
По-братски обнявшись!
Лексан Сергеич Пушкин
С Самойловым сидят,
И тот ему толкует,
Кто Галич,
Кто Булат.

(Недавно А. Володин,
Точнее — Шура Лифшиц
Явился среди них
И создал обстановку,
Слегка подсуетившись,
Беседы на троих).
Иосиф Алексаныч,
Без устали куря,
Кричит: "Эй, Женька! Клячкин!
Пой — только не меня!
В моих стихах свой мелос,
Тебе его не спеть!
Недаром Сашка Кушнер

Не может вас терпеть!"
Сергей же Алексаныч,
Наклюкавшись опять,
Всё рвётся за кулисы
Володю повидать.
Влача с собой за руку
Красавицу Дункан,
Буян на всю округу
Грохочет, как вулкан:
— Проведите!
Проведите меня к нему!
Я хочу видеть
Этого
Человека!
А Юрий Осич Визбор
Спел "Милую мою"
И вышел просвежиться
У неба на краю
(Мартынова с Дантесом
слегка пихнув плечом,
которым вход на праздник
вовеки запрещён).
Глядит на нас оттуда
Наш славный капитан
И говорит негромко:
— Ребят!
Ну?
Где вы там?
— Мы скоро, Юрий Осич!
Потерпишь, не беда.
Там — петь мы будем вечно,
А здесь — ещё когда...»

— Да-а... — протянул Коваль. — Конечно, сама по себе попытка похвальна...

— Да вставлю я тебя, вставлю!

— Да что «вставлю, вставлю»! Скажи ему, Визбор.

— Ну, насчёт концерта ты угадал, — начал Визбор. — Это мы — да, любим. Попеть, послушать. Но, конечно, общий жанр... класс подготовки... уровень репрезентативности... В общем, земной ты описал концерт, старик, самый обычный земной. Замени ты Лексан Сергеича на Лексан Трифоныча — всё. Практически концерт в ЦДЛ. А про Дантеса с Мартыновым — вообще лажа полная. Этот уголок юмора у тебя — для стенгазеты, а не для панорамы. Между прочим, знаешь, как начинается здесь утро у Мартынова? (Визбор понизил голос). К нему приходит Лермонтов, бросается в ноги и говорит, — так сказать, поникнув гордой головой: «Прости, брат, меня, окаянного. Бес попутал толкнуть тебя на братоубийство. Не твоё преступление — моё». Тот полчаса его с колен поднять не может.

— Да неужто и Александр Сергеич вот так же перед Жоржем?

— Александр Сергеич, когда речь заходит, только смотрит себе на руку, качает головой да приговаривает: «Надо же! А ведь мог и попасть».

— Жалеет или радуется?

— Одновременно, — сказал Визбор и соскочил на берег. — Ну, старик, будь покамест. Ни за что не догадаешься, чем я сейчас занимаюсь. Хотя, учитывая особенности времени и места...

— Ну, ладно, не томи.

— Лиру осваиваю, старик. Распальцовка, постановка кисти, баре ладонью, скользящее туше — ну, всё, всё совсем другое. Зато звук — это только Берковский поймёт, какой у лиры звук.

И, махнув рукой, Визбор скрылся в парковой зелени.

«Одуванчик» же полетел дальше и вскоре влетел в широкую лагуну, на зеркале которой величественно покоился знаменитый фрегат «Лавр Георгиевич».

7.

«Тёмный крепдешин ночи...» — так это начинается у Коваля. Стало быть, в нашем случае — сияющий муар полдня окатывал нежную плоть реки. Звон форштевня напоминал о мудрости парусов, покрытых заслуженными шрамами натруженных заплат. Ничего живого не наблюдалось на баках, фоках и ютах легендарной палубы. Только на причале колготились двое в форме, находясь в очевидной конфронтации: сухопутный наскакивал на флотского. В первом сразу была видна военная жилка, как и во втором — боевая струнка.

— Претенденты, — презрительно шепнул Коваль, приближаясь на расстояние слышимости диалога.

— Чем? Чем вы докажете, что кроме меня есть ещё хоть один Лавр Георгиевич? — горячился сухопутный.

Флотский же невозмутимо отзывался:

— Пожалуйста. Японского микадо также именуют: Лавр Георгиевич.

Секунду побыв в столбняке, сухопутный нашёлся:

— Вот вы и обремизились, ваше превосходительство! Попали пальцем в небеса-с! Ежели бы это был японский микадо, то он именовался бы Лавр Георгиевич-сан. Сан-с!

— Ну, хорошо, хорошо. Войнович Лавр Георгиевич, сербский князь, 16-й век — вас устроит? Прапра-прадед известного литератора, надеюсь, слышали, а то, может, и читали.

— Нет! — взревел сухопутный. — Не слышал и не желаю! Не было Войновича! Не было князя!

— Может, ещё и литератора такого нет?

— Черта мне ваш литератор! Осквернитель армии! Был бы жив, как вы говорите, его пра-пра, уж он бы его под шпицрутены!

— Ага, стало быть, вы признаёте...

— Да чем вы докажете....

— А вот это теперь уже ваша очередь доказывать, генерал, — твёрдо прервал его флотский. — Что ни говорите, а в имени главное дело фамилия. Вот, например, ходит судно «Академик Мстислав Келдыш» — никто и не сомневается, что за Мстислав. Хотя я бы вешал на рее за такие штучки. Название судна не должно состоять более чем из двух слов, иначе это не корабль, а объявление.

— Следовательно, — вкрадчиво запел генерал, — сочетание «Генерал Корнилов» у вас возражений не вызвало бы?

— Ни малейших, — отчеканил флотский. — Вот! Совсем другое дело. Кто же не знает генерала Корнилова, героя Гражданской войны? А мало ли на свете Лавров Георгиевичей!

— Се манифик! — возликовал генерал. — Я так

и поступлю! Как только я возглавлю этот флагман, прикажу не мешкая срубить с бортов «Лавра» и припаять «Генерала Корнилова». Согласен! Действительно: «Лавргеоргиевич» — это же словно гармонь разворачивают. А тут: равняйсь! Смирно! «Генерал Корнилов»! — труба! Фанфары! Шашки к бою!

— Но, господа, согласитесь, — победно улыбаясь, начал флотский, включая уже и Коваля с Михайловым в круг своей аудитории, — какой же уважающий себя флотоводец позволит присвоить флагману имя сухопутного, пусть даже и прославленного, армейца? Сочетаются ли благородные обводы и изумительные шпангоуты этого фрегата со словами, допустим, «Полковник Звонарёв»? Нет! Уж лучше пусть «Матрос Кошка» или даже «Билли Бонс», но чтоб непременно кто-нибудь водоплавающий! А раз так, не проще ли вместо «Генерал Корнилов» проставить «Адмирал» и тем решить проблему? Ибо «Адмирал Корнилов» ни в каких доказательствах не нуждается, ибо он перед вами!

И, сверкнув очами, незабвенный севастопольский и наваринский герой — а это, понятное дело, был он, собственной персоной — стал подниматься по трапу на борт, недвусмысленно имея в виду возложить руки на штурвал. Сухопутный же его однофамилец, в изумлении от поворота событий, спотыкаясь саблей о ступеньки, поспешил следом — но тут возвысил голос Коваль.

— Господа! — и в голосе его прозвучало нечто такое, что заставило бы остановиться даже Суворова Александра Васильевича в момент его перехода через Сен-Готард. — Не кажется ли вам, что есть ещё одно имя, заслуживающее вашего обсуждения?

— Что еще за имя? — недовольно заскрипел генерал, а адмирал вежливо осведомился:

— Вы, вероятно, имеете в виду себя? Что ж, если у вас есть на то основания...

— Капитан Суер-Выер, вот кого я имею в виду! — загремел Коваль. — Руководителя и командира! Это пока что его фрегат!

— Но ведь Суер-Выер, как известно, ждёт своего воплощения, — возразил адмирал, — и это уже длится годами.

— Да! — непоколебимо согласился Коваль. — Это так. Лучшие московские театры соперничают между собой за право его воплощения. И я теряюсь в догадках: что, кроме взаимной интеллигентности, удерживает их от благородного дела? Поставили же княгине Ольге в Пскове одновременно два памятника. А уж Суеру-то Выеру... Он по крайней мере никаких древлян не жёг.

— А кто против? — вскричал генерал, уже как бы и от имени адмирала. — Да хоть бы и сжёг! Пусть себе воплощается. Фрегат-то причем?

— Ваше превосходительство, — с непередаваемой иронией обратился к нему Коваль, тактически безошибочно отделяя его от адмирала. — Ну что вы, в самом деле. Дался вам этот фрегат. Возьмите себе бронепоезд — он вам присущ. По его бортам вы сможете расписать не только свою фамилию-имя-отчество полностью, но и должность и звание, и кавалерство всех своих орденов! А вам, Владимир Алексеич, неужели вам я должен объяснять, что воплощать капитана без его корабля всё равно что Дон-Кихота без Россинанта, Салтыкова без Щедрина, да хотя бы вас без Малахова кургана! Фрегат «Лавр Георгиевич», господа, ожидает своего воплощения вместе со своим капитаном. Хотя последний в настоящий момент проводит своё ожидание в таверне.

Утомлённые неопровержимой правотой, оба высших офицера, не глядя ни на Коваля, ни друг на друга, спустились по трапу на причал и направились каждый к своей карете.

— А что касается славного имени, — кричал им вслед развеселившийся Коваль, — то не волнуйтесь: будет вам Корнилов у штурвала! Ещё какой Корнилов — с бородой и усами. Тоже, между прочим, Володя! Замечательный поэт, рекомендую! Уж я упрошу капитана пригласить его поплавать: нехай порулит на досуге. Пока вы будете читать его замечательные стихи!

8.

«Одуванчик», распустив водяные усы, нёсся по зеркалу вод к далёкому белому, как показалось Михайлову, городу, но который, приближаясь, понемногу оказывался одним, но весьма прихотливо разбросанным зданием, с массой флигелей, фольварков, кордегардий и антресолей, но всё-таки единым полиморфным архитекториумом, преимущественно белым с оттяжкой в охру и многочисленными цветными вкраплениями, вроде алой черепицы, витражей и синих зеркальных стекол. Силуэт же крыши, усеянной башенками и флюгерами, напоминал кардиограмму П.И. Чайковского в момент исполнения им 2-го концерта Рахманинова.

— Здесь есть много мест, Михалыч, — значительно сказал Коваль. — Как сам ты понимаешь — бесконечно много, но это — наше особо любимое, и если уж куда везти дорогого гостя, то первым делом сюда.

— Какой удивительный архитекториум! — сказал Михайлов. — И ведь что интересно: кажется, это город, а на самом деле единое здание.

— Но величиной с небольшой город, — продолжал Коваль, — и со всеми его атрибутами, включая цирк, бани и висячие сады. Экскурсия наша, Михалыч, будет, конечно, поверхностной, как всякая экскурсия, но уж не обессудь.

— Да ты что! И на том спасибо, не знаю, как и выразить, — забормотал Михайлов и заткнулся, боясь неловким словом спугнуть, как говорится, птицу счастья.

— Мы-то его кличем «Русский клуб», — пояснял Коваль, — потому что он и есть русский клуб, хотя, разумеется, сюда захаживают все, кому не лень сюда захаживать. А таких, я скажу тебе, немало. Ибо «Русский клуб», как никакой другой, славится своим трёпом. Даже у французов такого нет. Разве что англичане несколько приблизились к эталону. Трёп у нас многослойный, первоклассный и круглосуточный. Не следует путать его с трепаниями. Их, как известно, два: трепание льна и трепание тёплых щенков. Второе трепание открыто и описано автором этих слов и имеет место в специально отведённом вольере. Что касается льна, то его трепание, кажись, входит в программу местной аэробики и происходит под «Лявониху». При желании можешь взглянуть, но не сейчас, не сейчас.

— А сейчас? — заикнулся Михайлов.

— А тебе невдомёк? Куда я могу повести старого друга с дороги после утомительного футбольного матча и трудного плаванья по незнакомым водам? О! — вскричал вдруг Коваль, выходя на зелёную лужайку внутреннего дворика. — Не хочешь ли слегка размяться перед испытанием наслаждением?

На лужайке располагался аттракцион «Городки», и вокруг было множество зевак и охотников. Распоряжался процессом долговязый красавец с седой волной, шедшей справа налево по благородному лбу, и ироническими глазами. Он командовал выставлением фигур на городошных полях.

— «Бабушка в окошке»! — возглашал красавец своим прекрасным баритоном, и в ту же минуту на передней черте возникало резное окошко, а в нём смущенная бабушка. — Прошу!

Следующий по очереди игрок прикинул увесистую биту. Однако цель его озадачила. Он замялся.

— Как бабушку-то звать? — зачем-то спросил он.

Красавец исполнился презрения.

— Пора бы знать русскую литературу, находясь среди её первоисточников, — холодно произнёс он. — Неизвестных бабушек мы в наших окошках не держим. Либо узнавайте бабушку, либо уступите очередь более просвещённым.

— Веня! — заорал Коваль. — Имей совесть! Что ж ты Арину Родионовну под биту ставишь? У кого же на неё рука поднимется?

— Я так думаю, что цель должна быть достойна соискателя. О! — воскликнул Веня, признав гостя. — Добро пожаловать. Не угодно ли, господин Михайлов? Гостям вне очереди. Будьте любезны, Арина Родионовна ждёт.

— Венедикт Васильич, — задушевно сказал Михайлов. — Не омрачай радость встречи. Не прикидывайся циником больше, чем ты есть на самом деле. Помнишь, когда кончилось курево, мы с тобой перевернули все уличные урны в окрестностях Флотской улицы, пока нашли десяток почти целых бычков? В этом было гораздо меньше цинизма, чем романтики, как сказал поздний Розанов раннему Набокову. Замени бабушку, Веня. Посади у окошка мадам Брешко-Брешковскую. Будучи незнаком, я высажу её с одного удара.

— Что-то я не помню у Розанова подобной пошлости, — хмыкнул Ерофеев. — «Бабушку в окошке» я, так и быть, уберу. Без должной практики ты, пожалуй, промажешь, а это она сочла бы оскорблением для себя. Пожалуй, выставлю-ка я «Заседание Государственного Совета». Его все вышибают без подготовки.

— Веня, мы торопимся, — Коваль перехватил биту у Михайлова. — Забежали поздороваться, и айда. Давай-ка мою любимую. Да мы и пойдем.

— В таком случае «Иван Грозный убивает своего сына»! — провозгласил Веня, и на городошном поле мгновенно воздвиглась Грановитая палата в озарении шандалов, по ней заметался в золотом кафтане несчастный царевич. А из мрачной глубины в чёрной рясе, вытаращив налитые кровью буркалы, двинулся безумный вурдалак, его папаша, сжимая в кулаке остроконечный жезл, – но тут, вращаясь, как винт геликоптера, налетела на него бита, пущенная Ковалем, злобный старик рухнул на руки сына, и оба вылетели за границы видимости вместе с Грановитой палатой.

— Славный удар, — оценил Ерофеев. — Что значит лицеприятное отношение. Я точно так же выметаю «Выступление В.И. Ленина на заводе Михельсона», не дожидаясь выстрела бедной Фанни. Ну, заходите, как помоетесь, — помахал он ручкой, — хотя, конечно, кто же после бани ходит на городки?

— Вот, стало быть, куда ты ведёшь старого друга после утомительного плавания, — обрадовался Михайлов.

— Я так подумал, это будет грамотно, — с достоинством отвечал Коваль, и они очутились в мраморном вестибюле, как и положено.

9.

— Сандуны Экстра-Супер? — попытался Михайлов дать определение.

— Не торопись, Михалыч, — снисходительно сказал Коваль. — «Сандуны...» Что ты всё торопишься... Начнём с музыки. Ну-ка, вспомни что-нибудь подходящее к случаю.

— Э-э... уточни, пожалуйста, — растерялся Михайлов.

— Какая тебе мерещится музыка при мысли о полной расслабухе?

— Прокофьев, «Классическая симфония», часть вторая, — немедленно откликнулся Михайлов и немедленно же услышал начало. Через пару тактов Коваль кивнул.

— Годится. Но хотелось бы то же самое услышать в аранжировке Франсиско Гойи, ты не против?

Тут в свою очередь кивнул и Михайлов. Симфония зазвучала в изложении двадцатичетырёхструнной гитары. Это было божественно.

Вдруг мрамор под ними превратился в мягкий ковёрный ворс, и, оказалось, они идут босиком.

Вдруг небольшое облако окутало их, ковёр ушёл из-под ног, туман рассеялся, и они зависли в тёплом воздухе, совершенно голые. Демонстрируя свою теннисную фигуру, Коваль мельком глянул на михайловские складки и оползни и пробормотал:

— Ну, ничего, ничего...

— Это, что ли, невесомость? — суетливо дёргая ногами, спросил Михайлов.

— Она самая. Привыкай, — сказал Коваль, широко взмахнул руками и плавно взмыл. Михайлов в космосе не был, но во сне летал и помнил это счастливое ощущение с необыкновенной достоверностью. А поскольку происходящее и так напоминало волшебный сон, он, недолго думая, сложил крылышки ласточкой и нырнул в тёплую туманную пустоту, а там, скользнув по дуге, уверенно взлетел к Ковалю, свободно парящему в пространстве.

— Это счастье! — восторгался Михайлов, выписывая вокруг друга вензеля и курбеты. — Но это не Сандуны.

— Опять торопишься, — с упрёком сказал Коваль. — Как всё-таки людей гнетёт сознание конечности бытия. И они всё спешат, спешат... вместо того чтобы растягивать бытие до бесконечности. Сказано было тебе: «баня» — значит, будет тебе баня.

Тут Прокофьев кончился, повисло мягкое тремоло двадцати четырёх струн, сквозь него началась, наросла и грянула «Аида», ослепив на миг многочисленной и разнообразной медью, а затем рассыпалась целым озером серебра. И пошёл умирать от блаженства сен-сансовский лебедь в исполнении... в исполнении?

— Арфы, арфы, — пояснил Коваль. — Штук, наверно, сто. Всех сортов. От глубокого контральто до фистулы-колоратуры. Вот теперь — лови кайф.

Ибо вместе с лебедем пошли накатывать волны остальных ощущений. Это были зной и прохлада, сияние и полумгла, мёд и горчица, ландыш и полынь. Упругий напор и пологий откат в гармонических сочетаниях и ансамблях.

Ныряя и выныривая, взмывая и паря, друзья плавно вошли в блаженный обморок и очнулись каждый ничком на мраморном ложе, как и положено.

Рядом с Ковалём сидел Лемпорт, обёрнутый в белую тогу, и поглаживал мощной дланью Юрину спину, готовя к массажу. Михайловскую спину тоже кто-то мягко заготавливал — лёжа ничком, не видно было, кто.

— Здорово, Володя! — сердечно поприветствовал Михайлов великого скульптора. — Осваиваешь смежную профессию?

— Да вот, понимаешь, — поздоровавшись, сказал Лемпорт, — надоело с глиной возиться. Лепишь её, лепишь, мнёшь её, мнёшь, правильно, неправильно — она молчит, терпит, ей всё равно. А тут —

живой материал, чуть что не так *(*Коваль взвыл*)*, он реагирует. И конечная цель, понимаешь, одна и та же: пластическое совершенство.

— По-моему, я и так пластически совершенен, — сказал Коваль.

— Ну, ещё не модель, — похлопал его по заду Лемпорт, — но с тобой действительно мороки поменьше, чем с нашим гостем. У тебя я не вижу таких складок и оползней. Поэтому моё дело твою пластику поддерживать, а не творить. Творить будет мастер, я-то пока ещё учусь.

Две уверенные властные ладони обмяли Михайлову торс и начали первые пассы, и до боли знакомый бархатный поставленный баритон повёл над Михайловым лекцию в соответствии с манипуляциями.

— В нашем деле, Володя, главное открыть чакру, задействовать мантру, возбудить прану и очистить ауру. На первый взгляд, это просто бессмысленный набор разнородных терминов, но это лишь на первый взгляд.

— Александр Аркадьевич! — ахнул Михайлов, распознав голос любимого маэстро. — Ну ладно, Лемпорт скульптор, ему положено мять чего-нибудь руками, а вам-то зачем? Вон Визбор — лиру осваивает, арф кругом полно каких угодно...

— Дорогой мой, на кой хрен мне эти арфы, — засмеялся Галич, со вкусом выговаривая слово «хрен», — когда здесь и без меня хватает кифаредов, и все они играют на струнах, что уж скрывать, гораздо искуснее меня. А главное, мне совершенно не хочется этим заниматься. Муза моя своё дело сделала, и я уволил её к чёртовой матери. Иной раз соберутся ветераны, ну пойду, потрясу стариной перед ними часика на полтора, но здесь мне куда интереснее. Здесь, доложу я вам, такой роскошный шалман — а я, да будет вам известно, матёрый шалманщик — что и арф никаких не надо, всё здесь так и гудит. Где бы я ещё с Володей познакомился. А теперь нас водой не разольёшь.

— В бане это и невозможно, — Лемпорт с удовольствием подоил свою красивую бороду. — В бане разливать людей водой, прямо скажем, противоестественно. Только обливать либо сливать воедино. Единственно, в чём мы с Аркадьичем расходимся — это во взгляде на мой перевод Дантова «Ада». Он считает его философской неудачей, а я — литературной. Ну, почему? — возвысил голос Лемпорт. — Почему ты, Коваль, не остановил меня, когда я брался за этот проект?

Тут он прихватил Коваля за ребро и тот заорал:
— Лемпорт, блин горелый, прекрати! Не пользуйся моим положением, садист! Как я мог тебя остановить, когда ты пёр, как танк?

— Надо было бросаться под меня с гранатами!

— Да ты бы проехал и не заметил. Я удивляюсь, как это ты вообще прозрел? Уж не Александр ли Аркадьевич поднял тебе твои веки?

— Ты, Коваль, хотя и писатель (Лемпорт опять погладил бороду), но вряд ли читал сочинение Алигьери в подлиннике. В отличие от присутствующих. Я, понимаешь ли, итальянский выучил только за то, что им разговаривал Данте. И сразу увидел несовершенство всех наших переводов. Конечно, у меня зачесались руки! Меня охватило величие замысла! И ты меня не остановил.

Он снова ущипнул Коваля, но тот даже не заметил от возмущения:

— Побойся Бога, Лемпорт! — вскричал он. — За кого ты меня принимаешь? Я тебе не Бенкендорф, чтобы душить великие замыслы! Почему это я должен был тебя останавливать?

— Потому что величие моего замысла полагало наличие стихотворной техники, а она у меня никакая. И ты это скрыл от меня!

— Дружба для меня была дороже, — искренне сказал Коваль.

— Хороша дружба! — и Лемпорт зверски проутюжил кулаком позвоночник. — Сделал, понимаешь ли, из друга посмешище.

— Володь, — примирительно вмешался Михайлов, сладострастно постанывая под ладонями мастера. — Зато твои иллюстрации к переводу! Это же вершина графики! Симфония рисунка! Пикассо отдыхает, Неизвестный завидует. Так что не зря ты учил итальянский.

— И потом, Володенька, — зажурчал Галич, — уже за одно величие замысла вам надо бы в ножки поклониться. Обратите внимание, как далеко ушла техника стиха, в то время как замыслы поражают своей невзрачностью. Не хочется называть имён, но сегодня в поэзии я не вижу ничего кроме необоснованных претензий. Ну да, ну да, — остановил он Михайловские возражения, — вы скажете «Миша Щербаков». Но этот одинокий дуб в пустыне российской словесности никак не делает общей погоды. Целковый с вас, барин, — обратился он к Михайлову, обмахнув полотенцем. Тот вскочил, освежённый и помолодевший:

— Бог подаст, любезный.

Все его складки разгладились, оползни сползли, и он — оп! — молодецки прошёлся на руках, неожиданно для самого себя. Давешнее облако-гардероб вновь окутало их с Ковалем и затем, рассеявшись, оставило их совершенно одетыми. Михайлов поклонился:

— Благодарствуйте, господа хорошие. Никогда ничего подобного. Посему могу лишь робко догадываться, что за шалман загудит у вас нынче вечером. Ничего, увидимся еще. Ба! — хлопнул он себя по лбу. — Забыл спросить: в чём же состоит философская-то неудача великого замысла?

Галич усмехнулся:

— Ну, здесь, собственно, Володя ни при чём. Это скорее Дантова ошибка. Да и не его одного. Короче говоря, поэма его о преисподней смысла не имеет. Дело в том, что ада нет.

— Аркадьич, — с досадой сказал Лемпорт. — А вот этого ему знать необязательно. Пока, понимаешь ли, он в гостях. Вернётся, поползут слухи, человечество расслабится...

— Бросьте, Володя, — снисходительно возразил Галич. — Данте вернулся и нагородил сорок бочек арестантов про вечные муки — что-нибудь изменилось после этого?

— Про вечные муки и до него знали, он лишь подтвердил.

— А теперь в них и так никто не верит.

Так разговаривая, они удалились.

— Юр, — произнёс Михайлов вполголоса из-за обуревавших чувств. — То есть как это «ада нет»? А как же... это... «Мне отмщение»... «Аз воздам» ...Что же ОН, Аз-то? Так-таки никому и не воздаёт?

— Почему не воздаёт, — неохотно сказал Коваль. — Воздаёт. Галич с Лемпортом ведь имеют в виду конкретный «Ад», Дантов. Со всеми этими извращениями вроде горячих сковородок. Но ведь воздаваться-то можно по-разному. Ещё как по-разному.

— Ну, слава Богу, — облегчённо вздохнул Михайлов, почему-то забыв, что сам небезгрешен. — По-моему, это очень правильно. А иначе что ж... Извини меня, если я покажусь назойливым, но хотелось бы хотя бы одним глазком.

– Кровожаден ты, Михалыч.

– Пусть хотя бы в самом простом варианте...

– Ну, простой он и есть самый простой: наш любимый ОРТ.

— ОРТ? — недоверчиво переспросил Михайлов. — ОРТ — это, конечно, наказание Господне, но скорее для святых, чем для грешников.

— Здешний ОРТ, Михалыч, расшифровывается иначе, — пояснил Коваль, — Не Общественное Российское Телевидение, а Обратный Рабочий Телеглаз. Работает в режиме нон-стоп в прямом эфире. Передаёт абсолютно всё. И пишет.

— Всё?!

— Всё.

— И давно?

— Всегда.

— И я... мог бы...

— Раз плюнуть. Задавай любой координат в пространстве и времени и смотри.

— И даже...

— Говорю тебе, хоть что. Хоть Наполеона при Ватерлоо. Хоть себя самого в Сандунах. Так что все здесь в курсе всего, что было и есть.

— И что будет?

— Для этого тут не ОРТ, а ТОРТ, то есть туда-обрат-ный телеглаз. И доступ к нему ограничен.

— Коваль... — Михайлов внутренне аж задохнулся. — О-о-о... Дорого бы я дал...

— В своё время, Михалыч, а как же.

— Ну, хорошо... — с сожалением сказал Михайлов. — Потом так потом. Но я ведь спрашивал насчёт воздаяния. Причем тут ОРТ?

— А ты не догадываешься?

— Ага... Человеку как бы прокручивают обратно, да? Все его окаянства?

— В мельчайших подробностях.

— И невозможно уклониться?

— Не получается как-то. Вся штука в том, что не ему прокручивают, а он сам.

— Мазохизм какой-то.

— Почему мазохизм? Естественная необходимость. Вроде посещения бани. А то ходишь и воняешь.

— И идёшь и смотришь?

— Идёшь и смотришь.

— И долго это?

— Пока не насмотришься, — мрачно сказал Коваль.

10.

Ясное дело, после бани с фатальной неизбежностью следует буфет, и друзья сразу прошли в директорскую ложу, с бархатными завесами, разведёнными в стороны, и ниспадающими кистями.

Облокотясь о плюш барьера, они осмотрелись.

Партер пустовал, и лишь на сцене за столиком сидели трое в свободных позах и явно играли в шахматы.

— Второй раз вижу, чтобы столик на сцене, — сказал Михайлов. — А впервые — в Дубне. Цвет ядерной физики: Копылов с Подгорецким, Бруно Понтекорво с Тяпкиным сидят, обедают в зале, мест свободных полно — но нет: на сцене, за столиком возвышается в одиночестве огромный человек, увешанный мышцами. Мировой чемпион, Юрий Власов. Сидит, посматривает сверху вниз на эту немочь.

— Власов Власовым, — сказал Коваль, — однако, присмотрись к этой троице, Михалыч. Может, тоже кого вспомнишь.

Михайлов присмотрелся, и сердце его забилось.

— Обрати внимание, Михалыч: компания эта раньше никогда вместе не выпивала. Я-то, кажись, с каждым из них сподобился, но порознь, а вместе они только недавно сошлись, и свёл их ты. Ты, ты, не удивляйся. Ты описал это действо, как действительный факт, они-то и думать не думали, но кто-то углядел по ОРТ и стукнул, они и побежали смотреть, включают — и пожалуйста: Финский залив, морось какая-то сеется, ты идёшь вдоль берега, лицо мокрое непонятно от чего, и бормочешь себе под нос. Ну, подкрутили звук, отфильтровали и получили весь текст, как на ладошке, в авторском исполнении. А? Вспомнил?

— Было дело, — тихо сказал Михайлов.

Было, действительно. Шёл он вдоль берега и с необыкновенной ясностью видел перед собой эту картину, которая тут же, одну за другой вытащила из небытия те самые неприхотливые строки:

«Борис Борисыч, Гришка и Илья
Сидят в обнимку.
Они сидят, пьют водку, как и я,
Под буженинку.
Григор Самолыч вдохновенно врёт,
Как прежде складно.
Илья хохочет и очёчки трёт,
И курит жадно.
На них глядит Борь Борич дорогой
С такой любовью,
Как я на них на всех гляжу с такой
Отрадной болью!
— Я вас любил, любимые мои!
И я, как прежде,
Всё не умею выразить любви.
Но я в надежде».

С каждым из них Михайлов был в разное время и по-разному дружен — и ни с одним не сошёлся так близко, как ему хотелось. Но неразделённая любовь, по наблюдению Куприна, бывает ничуть не слабее разделённой.

— Ну что же ты, — любуясь эффектом, спросил Коваль. — Что же ты медлишь, Михалыч? Вот тебе и случай «выразить любви». Иди, осуществляй надежду свою.

— Погоди, дай полюбоваться, — по-прежнему тихо сказал Михайлов и, подпершись рукою, на манер Арины Родионовны в окошке, стал смотреть.

Теперь все трое сидели вовсе не в обнимку, и никакой буженинки вблизи от них не наблюдалось, а только щегольский цилиндр, обтянутый чёрным шёлком и поставленный на донышко устьем кверху. И шахматы перед ними были не шахматы, а шашки, и доска на столе лежала тройная, а вместо фишек стояли рюмки: Борь Борич играл белыми (с чистой водярой), Габай – тёмно-красными (с «Кровавой Мери»), Фельдблюм – коричневыми (коньяк). Гришка и Борь Борич играли по-настоящему, Габай же по обыкновению дурачился и импровизировал. Разумеется, каждая выигранная рюмка проглатывалась на месте. Закуска же вынималась из цилиндра и была на любой вкус.

— Давненько не брал я в руки шашек, — сказал Борь Борич и сделал ход.

— Знаем, как вы плохо играете, — ответил Гришка и тоже сделал ход.

Илья сходил и заблажил:

«Как ныне собрались Фельдблюм и Вахтин
За шахматной стойкой буфета.
На чёрного фавна похож был один,
Другой — на заправского Фета.
И только Габай был похож на того...»

И через паузу:

«...Кто был как две капли похож на него!»

— Давненько не брал я в руки Фета, — пробормотал Борь Борич и сделал ход.

— Знаем мы, кто на кого похож, — процедил Гришка и тоже сделал ход. Илья тоже сходил и завопил:

«Как ныне собрались Вахтин и Фельдблюм
И вынули шашки из ножен.
Один был похож на мадам Розенблюм,
Другой — ни на что не похожим.
И только Габай, похудав на говне...»

— и через паузу, голосом Ильича:

«...пагит неподвижно со мной нагавне!»
— и потирая руки, засмеялся, довольный.

— Что-то давненько не брал я в руки мадам Розенблюм, — сказал Вахтин и съел у Габая «Кровавую Мери».

— Знаем, знаем мы, на чём вы похудали, — сказал Фельдблюм и слопал у Борь Борича подряд две рюмки чистой водяры.

Илья закатил глаза, помычал и медленно произнёс:

«И только Габай, как зловещий еврей,
Вдруг вскрикнул, ужалив двух вещих князей!»

— и расплескивая свою «Кровавую Мери», заскакал рюмкой по доске, перепрыгивая через вражеские фишки, штук семь, одну за другой отправляя их себе в пасть свободной рукой.

Борь Борич, закинув голову, зашёлся смехом, утирая слёзы. Фельдблюм воззрился на Габая, не скрывая возмущения:

— Что-то давненько не видал я подобную сволочь! Подсидел, зараза! Тебе не стихи писать — тебе с кистенем гулять в дремучем лесу.

— Как? — притворно удивился Габай. — Вы не желаете продолжать игру?

— Я думаю, торг здесь неуместен, — высокомерно продекламировал Фельдблюм. — Только существо с воображением дятла может говорить о продолжении борьбы в подобной ситуации. Пакт о ненападении и полное разоружение — вот всё, что я, блин, могу предложить высоким, блин, сторонам.

С этими словами Гриша подряд оприходовал свой оставшийся коньяк и, вынув из цилиндра ломтик лимона в сахаре, принялся смачно его поедать.

— Как заразительны благородные поступки! — воскликнул Борь Борич и поступил аналогично с остатками своего войска. Из цилиндра же извлёк он корнишон и смачно оным захрустел.

— Ах, судари мои, — продолжал он, извлекая, хрустя и хрупая. — Какие всё-таки римляне мудрецы! Как верно они уловили эту метафизическую связь между здоровьем тела и духа! Уже в предбаннике, освобождаясь от одежд, мы словно оставляем с ними кучу разделяющих нас условностей и предстаём друг перед другом, как перед Господом, в первозданной своей подлинности. Когда же вслед за тем вода и пар очищают нас от грязи и пота, разве вместе с тем не очищается и душа наша от нечистоты помыслов и паутины суеты? Не для того ли христиане погружаются в воды Иордана, а буддисты в волны Ганга? Где ещё вы услышите столько исповедей и откровений, как в сауне?

(Здесь Вахтин опростал рюмочку и, выудив из цилиндра устрицу, проглотил).

— Но даже баня, — продолжал он, — даже она не может сравниться с чудом, какое с нами производит водка. Известно: удивительные резервы заложены в человеческом организме. Вы видели: йоги невредимо лежат на гвоздях, переезжаемые танком. Вы видели: человек, заплетя волосы в косичку и прицепив к ней лайнер, катит его, выпучив упорный лоб, по асфальту. Есть иные — одним пристальным взглядом гнут монеты или зажигают огонь. Но и это меркнет перед резервами духа, и их-то открывает нам водка. Словно из тесной каморки выходим мы разом на свет. Только что нас окружали смутные очертания, неразрешимые проблемы и застарелые комплексы – и вдруг все узлы развязались, комплексы рассеялись, ослепительная ясность озарила самые тёмные углы, и не стало никаких сомнений. Куда пойти, что говорить и как поступать — причём ко всеобщей радости, ко всеобщей!

(«Готовься, — шепнул Коваль. — Сейчас будет твой выход. По-моему, он явно к этому клонит. Заметил, небось»)

— И тогда, — полным баритоном зазвучал голос Вахтина, — наступает момент для встречи с прекрасным событием, в котором, как в контрапункте музыки, разрешаются самые контрастные темы и соединяется несоединимое.

Михайлов было шевельнулся встать и окликнуть — как вдруг грянули духовые, взвились струнные, запели деревянные, рассыпались ударные, и на серебряном заднике сцены открылись три арки с сиреневым дымом в глубине, и в каждой арке стояла женщина волшебной красоты, протягивая руки к дружной троице. И они устремились, и сиреневая глубина, огласившись восклицаниями и смехом, поглотила их.

— Ооо! — вслед им только и выдохнул Михайлов, а Коваль буркнул: — Малость подзадержались мы с тобой. А то бы...

* * *

Запись дальнейших событий этого путешествия мною утеряна и ещё не разыскана. Нашлась пока только вот эта:

— Ну вот, ты всё хотел узнать, — невнятно сказал Коваль. — Валяй, узнавай.

Михайлов не вспомнил, о чём речь. Но мобилизовался.

— Наша детская площадка, — объявил Коваль, чем вверг Михайлова в смятение: вроде бы об этом речи не было, а спросить, неужели и здесь беременеют и рожают, не поворачивался язык.

Они подошли. Лужайка как лужайка. Песочница, качели, каталки, лесенки, мелкий бассейн. В песочнице пара малышей, лет трёх, поодаль, в манежике, — ещё один. Вокруг лужайки витиеватая чугунная решётка в виде рожиц Винни Пуха и Микки Мауса. Поверх неё, приглядевшись, Михайлов различил колючую проволоку в виде розочек.

— Это для чего же? — удивился он. — Для того чтобы они не выскочили или чтобы к ним не вскочили?

— Чтобы не вскочили, — сказал Коваль. — Вишь, какие они у нас миленькие. Так и тянет потрепать эти щёчки. Эй! Малютки! Кто тут у нас конфетку хочет?

Карапузы, лялякая и гугукая, притопали к решётке и остановились в ожидании.

— Это у нас Досичка, ещё белобрысенький совсем. Черноглазенький — это, стало быть, Осичка. А Попочка у нас узкоглазенький, как раз как ты любишь. Ну, деточки, что надо сказать дяденьке при первом знакомстве?

— Дай! — радостно крикнули младенцы, протянув ладошки к Михайлову.

— Ух вы мои тютюшечки, — заворковал вслед за Ковалём и Михайлов, оделяя их шоколадом. — Кукубашечки вы мои. Аня-муня-люлю-тяшечки.

Тяшечки запихнули подарки за щёку и потопали восвояси. Михайлов смотрел им вслед. Коваль смотрел на Михайлова.

— Ну и? — спросил тот.

— Досичка, Осичка, Попочка, целиком и полностью, — проговорил Коваль. — Тебе что-то непонятно? Тогда смотрим дальше.

В своём углу песочницы Досичка трудолюбиво колупался с лопаткой и совком, возводя целые вавилоны с башнями и контрфорсами. В другом углу Осичка, поглядывая на Досю, пытался соорудить нечто похожее, но кроме канавы с отвалом, у него ничего не получалось.

Ося пыхтел и нервничал. Вдруг он бросил совок и надулся.

Досичка закончил крепостной ров и отправился с ведёрком к бассейну. Тотчас же Осичка устремился к неприступным вавилонам и пухлыми ножками в секунду растоптал их до основания. А затем вернулся к своей канаве как ни в чём не бывало.

Застав на месте цветущей цитадели одни руины, Досичка молча направился к Осичке и вылил на него полное ведёрко. Тот завыл, бросился к манежику с Попочкой, ухватился руками за бортик и начал с силой его трясти. Подоспевший Досичка присоединился к нему.

Попочка же ничуть не смутился и продолжал своё занятие. Сидя среди жёлтой кучи узкоглазых целлулоидных пупсиков, он старательно и безостановочно обрывал им головы, ручки и ножки. Покончив с одним, тут же принимался за другого. Оторванные головы уже составляли приличный холмик, как на картине Верещагина.

— Причём, что интересно, — почему-то шёпотом сказал Коваль, — подкладывал я ему то Барби, то Матрёшку нашу — ноль внимания, потрошит только своих, узкоглазеньких.

— Прямо Пол Пот какой-то, — сказал Михайлов. Коваль странно глянул на него.

— Ну и? — сказал он, и Михайлов вдруг догадался:

— То есть вон значит как...

— Целиком и полностью.

— А это, стало быть, Осичка...

— По-моему, сразу видно.

— А почему Досичка? Вроде бы Адичка должен быть.

— Так тоже называют.
— Им что ж, обратный телевизор не крутили?
— У них обратная реакция.
— То есть?
— Не оторвать было.
— Присудили, выходит, к вечному младенчеству?
— Никто не присуждал. Они сами.
— Как это?
— Да так. Ходят, воняют, с ними никто не разговаривает. Некоторые, наоборот: срываются. Пришлось их сюда.
— За проволоку?
— Я ж говорю: срываются некоторые.
— Ну и?
— И как-то, знаешь, пошло-поехало — бац! — и пожалуйста: Осичка-Досичка-Попочка. Так сказать — само собой съехало до уровня приемлемости. До трёх, как видишь, годиков.
— То есть, допустим годом старше...
— Уже неопределённость. Попочка, например, в семь лет ещё кошек вешал, в пять — мухам крылья обрывал, вот в три — остановился на пупсиках.
— Может, у вас и грудные есть?
— Есть и грудные. Чикатило там, ещё кто-то... Калигула....
— И это, стало быть, Осичка и есть, — произнёс Михайлов задумчиво. — Нельзя ли мне его слегка потрепать?
— А ты не сорвёшься? — недоверчиво спросил Коваль.
— Что я тебе, Ирод — младенцев мочить? — воз-

мутился Михайлов и вошёл в ограду. Осичка голышом валялся в бассейне и брызгался на Досичку. Михайлов подхватил Осю под мышки и подбросил на воздух. Тот радостно заверещал. Михайлов весело закружил его над собой.

— Ах ты, Осичка, Осичка! Точнее даже, Сосичка. Тебе бы сюда да в одна тыща восемьсот восемьдесят втором-то году, а? Кобушка ты мой. Насколько бы это было исторически приемлемее...

Тут Осичка, счастливо улыбаясь, пустил Михайлову прямо в глаза тугую струю. И в смеющихся его глазках блеснул Михайлову злорадный ястребиный зырк. Судорога отвращения передёрнула всё его существо. И он отшвырнул младенца в воду бассейна. Тот шлёпнулся и заныл.

— Ах, чёрт! — досадовал Коваль, выдергивая Михайлова за ограду. — Сорвался-таки, горюшко моё. Замочил младенца.

НЕОБХОДИМЫЙ ИМЕННОЙ УКАЗАТЕЛЬ
(в порядке появления персонажей)

КОВАЛЬ Юрий Иосифович (1938—1995), поэт, прозаик, живописец, скульптор, автор «Недопёска», «Васи Куролесова», «Самой лёгкой лодки», «Суер-Выера» и множества других прекрасных произведений искусства.

ВИЗБОР Юрий Иосифович (1933—1984), великий бард первого призыва, а также выдающийся журналист, киноактёр, альпинист и горнолыжник.

ДОМБРОВСКИЙ Юрий Иосифович. (1933—1984), прекрасный прозаик, автор «Хранителя древностей»; дважды сидел по 58-й статье.

КОРИНЕЦ Юрий Иосифович (1923—1987), известный детский писатель.

САЛТЫКОВ-ЩЕДРИН Михаил Евграфович (1826—1889), великий русский сатирик. В его знаменитой сказке «Карась-идеалист» ехидная Щука всё время вызывает идеалиста на диспут. Когда же он в отчаянии гаркнул: «А знаешь ли ты, что такое добродетель?» — Щука от изумления открыла пасть и машинально втянула воду. Вместе с Карасём.

ИОСИФ АЛЕКСАНЫЧ — БРОДСКИЙ.

СЕРГЕЙ АЛЕКСАНЫЧ — ЕСЕНИН.

ВОЛОДЯ — ВЫСОЦКИЙ.

КОРНИЛОВ Лавр Георгиевич (1870—1918), знаменитый белогвардейский генерал.

КОРНИЛОВ Владимир Алексеевич (1806—1854), знаменитый русский флотоводец; на самом деле, он вице-адмирал, здесь же округлён до адмирала в интересах стиля.

ЕРОФЕЕВ Венедикт Васильевич (1938—1990), выдающийся наш писатель, автор поэмы «Москва–Петушки», король андерграунда.

ЛЕМПОРТ Владимир Сергеевич (1922—2001), великий скульптор; заново перевёл «Божественную комедию» Данте, а затем и издал, снабдив превосходными рисунками.

ГАЛИЧ Александр Аркадьевич (1918—1977), великий бард, а до того — известный советский драматург.

ВАХТИН Борис Борисович (1930—1981), питерский прозаик и востоковед, человек огромного обаяния.

ГАБАЙ Илья Янкелевич (1935—1975), талантливый поэт, прирождённый педагог, известный московский диссидент (три года сибирской каторги).

ФЕЛЬДБЛЮМ Григорий Самойлович (1935—1971), подмосковный педагог, человек разнообразно и высоко одарённый.

АДИЧКА (1889—1945), ОСИЧКА (1879—1953), ПОПОЧКА (1925—1998) — в комментариях не нуждаются.

Юлий КИМ

МОСКОВСКИЕ КУХНИ

(из недавнего прошлого)

Песенная пьеса

1.
Чайхана, пирожковая-блинная,
Кабинет и азартный притон,
И приёмная зала гостиная,
По-старинному значит — салон,
И кабак для заезжего ухаря,
И бездомному барду ночлег —
Одним словом, московская кухня:
10 метров на 100 человек!
Стаканчики гранёные,
Стеклянный разнобой,
Бутылочки зелёные
С той самой, с ей, родной.
Ой, сколько вас раскушано
Под кильку и бычка
И в грязный угол сгружено
На многие века!
Стаканчики гранёные,
А то и с коньячком!
Ой, шуточки солёные
Об чём-нибудь таком!
А трубочно-цыгарочная
Аспидная мгла!
А «семь сорок» да цыганочка
Эх! Ну-ка, хором и до дна!
Эх, раз, ещё раз!
Лехаим, бояре!
Да, бывало, пивали и гуливали,
Но не только стаканчиков для
Забегали, сидели, покуривали,

Вечерок до рассвету продля.
Чай, стихов при огарке моргающем
Перечитано-слушано всласть.
Чай, гитара Высоцкого с Галичем
Тоже здесь, а не где, завелась.
Чай да сахар да пища духовная,
Но ещё с незапамятных пор
Найпервейшее дело кухонное —
Это русский ночной разговор,
Где всё время по нитке таинственной,
От какого угла ни начни,
Всё съезжается к теме единственной,
Словно к свечке, горящей в ночи.
— Россия, матерь чудная!
Куда? откуда? как?
Томленье непробудное,
Рывки из мрака в мрак...
Труднее и извилистей
Найдутся ли пути?
Да как же: столько вынести
И сызнова нести?
О «чёрные маруси»!
О Потьма и Дальстрой!
О Господи Исусе!
О Александр Второй!
Который век бессонная
Кухонная стряпня...
И я там был,
Мёд-пиво пил.
И корм пошёл в коня.

2.

(Русский ночной разговор)

— «Россия, Россия, Россия» — ну прямо шизофрения!
— «Россия, Россия, Россия» — какой-то наследственный бред!
— Ведь сказано было, едрена мать:
«Умом Россию не понять.
В Россию можно только верить».
Или нет.
— А я поверить рад бы, но из газеты «Правды»
Не вижу я, во что же мне верить, сэр!
Религия ликвидирована, крестьянство деградировало,
А вместо России — Эресе — Эфесе — Эр?!
Но я не могу любить аббревиатуру,
Которую я не в силах произнести!
— Отдай народу землю, отстрой ему деревню —
И завтра всё воскреснет на Руси!
— Никита так и начал, да бес его подначил.
— А этому, с бровями, вообще на всё начхать!
— Земля землёй, а ты сперва подай мне главные права —
Вот вам, «что делать» и «с чего начать»!
— Отдай народу землю — и он её пропьёт!
— Как будто раньше меньше пили, что ли?
— Сначала давайте условимся, что такое «народ».
— Ну-у, это не просечь без алкоголя!
— А раньше, между прочим, меньше пили!
— Ребята! Кончайте вы этот базар!
— Зачем Столыпина убили??!!
— Всё!
— Всё!
— Всё Достоевский предсказал.

3.

*(Тут поднялся НИКОЛАЙ, бывалый человек,
отсидевший при Сталине срок)*

НИКОЛАЙ.
Кто бы дал мне карандашик, написал бы я слова
Про норильские металлы и карельские дрова.
Что не ударники-шахтёры и не люди были там,
А неслыханное племя: сто шестнадцать пополам.
То ли твари, то ли звери, то ли жалкие скоты —
Это были ваши деды либо матери-отцы.
Эх, родная полста восьмая: агитация — террор.
Голос чёткий, суд короткий и бесконечный приговор.
Кто придумал это племя и развёл по всей Руси,
Тому самой лютой казни сто лет думай — не найти...
Не собирай посылку, мама,
На почту больше не ходи:
Твой сын уходит наконец-то
В объятья вечной мерзлоты.
Теперь никто его не тронет,
Последний хлеб не украдёт,
В тайгу прикладом не погонит.
Не плачь: теперь он отдохнёт.
Не собирай посылку, мама,
Она сыночку не нужна.
Последний раз он в небо смотрит,
А там колымская Луна.
И ничего ему не надо:
Ни слёз, ни камня, ни креста,
А лишь бы люди все на свете
О нём забыли навсегда.

4.

ХОР.
Ни камня, ни креста,
Ни дикого куста,
Ни знака, ни следа...
Душе понять непросто,
Что здесь не пустота,
Что здесь не тишина,
А немота огромного погоста.
В любом из здешних мест,
Куда ни обернёшься,
Ставь свечу и крест,
И ты не ошибёшься...
Вечная память.
Вечная память.
Память во веки веков...
Не в грозной битве
За дело веры,
Не от пожара,
Не от холеры —
Кем вы убиты?
Где вы зарыты?
— Россия убила,
В Россию и зарыла.
Убила страшно.
Зарыла просто.
Ни за что.
Ни про что.
Кто знает больше,
Пусть скажет лучше.
А я ответов

Других не нашёл...
«Прощайте, дети дорогие,
Скорей забудьте навсегда,
Как мы без вести пропадали
И умирали без следа.
Зачем, зачем вам знать про это,
Смотреть на нашу кровь и грязь
И омрачать свой праздник жизни?
Скорей, скорей забудьте нас!
Забудьте!..»
Вечная память
Вечная память.
Память во веки веков...

5.

(АЛЁНА с ГАЛКОЙ моют посуду)

А помнишь, а помнишь, подруга,
Как просто всё было вчера,
Как бегали мы в турпоходы
И пели всю ночь у костра.
Нам Визбор играл на гитаре
Прекрасные песни свои,
И не было в сердце печали,
А лишь только чувство любви.
«Слушай,
На время время позабудь.
Лучше
Тебе спою я что-нибудь,
Чтобы
Теплели ласково глаза»,

А бригантина поднимала паруса...
А вышло не так,
А вон оно как,
А вон оно как непонятно:
Пришёл ревизор
И смотрит в упор,
Как будто мы едем бесплатно.
А мы говорим ему строго:
— Ступай, ради Бога, домой.
Оплачена наша дорога
Отцами с огромной лихвой.
«Слушай:
На время время позабудь!
Лучше
Тебе споём мы что-нибудь,
Чтобы
Теплели ласково глаза»,
А бригантина поднимала паруса!..
А вышло не так,
А вон оно как,
А вон оно как неприятно:
Стоит ревизор
И смотрит в упор...

(Но тут вошла МАРИНА)

6.

МАРИНА.
Ой, кто бы дал мне карандашик, написала б я слова!..
Ой, куда ж вы, девки, делись, куда сгинула Москва?
Как ужасно, как нелепо, Бог свидетель, чёрт возьми:
Я влюбилась, как в Мазепу Кочубеева Мари!
Как за каменной стеною я за маменькой росла:
Школу кончила с медалью и дипломчик добыла.

Впереди аспирантура и создание семьи:
Вон жених, Серёгин Юра, аж с детсадовской скамьи!
Милый, добрый, круглолицый, гений физики ядра,
Полсезона за границей и квартира не одна.
И пожалуйста: приехали, бонжур, физкультпривет!..
Ой, подруги дорогие, пропадаю в цвете лет!
Чуть не вдвое меня старше, за спиною Колыма,
Тюрьмы, ссылки-пересылки, урки — я сошла с ума!
На одной руке русалка, на другой — орёл степной,
Матершинник, алкоголик, параноик — милый мой!
«Течёт речка, да течёт быстро,
Камушки уносит.
А заключённый номер триста
Начальника просит».
ГАЛКА и ***АЛЁНА.***
«А ты, начальник, а ты, начальник,
Отпусти до дому,
Отпусти меня до дому
По мою зазнобу».
НИКОЛАЙ.
«А начальник отвечает:
Зря себя ты мучишь.
Поди напейся воды холодной,
Про любовь забудешь...»

7.

(*ВАДИМ и ИЛЬЯ принесли гитару и пошли дурачиться.
Один изображает «Лёню», другой — «Осю»*)

      ВАДИМ и ***ИЛЬЯ.***
      И снился Лёне дивный сон
      И явственный, как быль:
      Что будто бы танцует он
      Со Сталиным кадриль.

Спокойно так, солидно,
Хотя и не того...
Немного вроде стыдно...
Но, в общем, ничего.
ОБА.
Джан, джан, джан,
Джан, джан, джан.
Дунем-плюнем, в рот засунем
Целый баклажан.
Джан, джан, джан,
Джан, джан, джан.
ЛЁНЯ.
Очень мяса хочется
Кроме баклажан.
ОСЯ.
Дорогой Леонид,
Ты меня послушай:
Если есть аппетит,
Ты бери и кушай!
ЛЁНЯ.
Никогда! Ни за что!
Нет, товарищ Сталин!
Мы пойдём другим путем:
Зря сажать не станем.
ОСЯ.
Ай-ай-ай, Леонид.
Что же ты мне врёшь-то?
Вон же рыженький сидит
Ни за что ни про что!
ЛЁНЯ.
Джугашвили, дорогой,
Это ж Ося Бродский:

Паразит как таковой
И еврей, как Троцкий!
ОБА.
Джан, джан, джан,
Джан, джан, джан.
Кто желает в Израиль
Мы в Биробиджан.
Джан, джан, джан,
Джан, джан, джан.
Можно ехать в Израиль —
Через Магадан!
ОСЯ.
А скажи, дорогой,
Спой под звон гитары,
Как живут у тебя
Крымские татары?
ЛЁНЯ.
Хорошо они живут.
Не прошёл я мимо:
От всего освободил,
В том числе от Крыма.
ОСЯ.
Молодец. Но скажи,
Объясни народу:
Говорят, ты задушил
Чешскую свободу?
ЛЁНЯ.
Никого я не душил,
Я, товарищ Сталин,
Руку другу протянул
И при нём оставил.

ОБА.
Джан, джан, джан,
Джан, джан, джан.
Дунем-плюнем, переплюнем
Штаты и Джапан.
Джан, джан, джан,
Джан, джан, джан.
Ждал вчера Софи Лорен —
Пришёл Чойбалсан.
ОСЯ.
Дорогой Леонид,
Ты красив и светел.
Но почему я мой портрет
Нигде не заметил?
ЛЁНЯ.
Генацвале, извини,
Дорогой кацо,
Но бумага вся пошла
На моё лицо,
На котором бровочки,
Что твои усы,
Но на высшем уровне
Общей красоты!
ОБА.
Джан, джан, джан,
Ван, ту, фри
Леня-джан! — Ося-джан!
И не говори!
Джан, джан, джан,
Чок, чок, чок.
Не пойдём в баклажан —
Пойдём в кабачок!

*(В стороне на всё это
смотрят НАЧАЛЬНИК и
его ПОМОЩНИК)*

Ты наша Родина,
Россия-мать!
Свободна вроде бы,
Да как сказать.
Вон место Лобное
У красных стен
Свободно словно бы,
А вот и хрен!
НАЧАЛЬНИК.
Ну-ка, ну-ка, ещё раз, этот кусочек.
ИЛЬЯ и **ВАДИМ.**
Джан, джан, джан,
Джан, джан, джан.
Ждал вчера Бриджит Бардо —
Пришёл Микоян.
Стаканы нолили,
Но что за бред:
Налить позволили,
А пить — так нет!
Но мы-то с вами-то,
Такая вещь:
Уж если налито —
О чём же речь?
НАЧАЛЬНИК.
Ну-ка, ну-ка, ещё разок.
ИЛЬЯ и **ВАДИМ.**
Джан, джан, джан,
Джан, джан, джан.

Ждал вчера Буковского —
Пришёл Корвалан.
Ой, мать-владычица!
Ой, пожалей:
Уж как не хочется
Сажать людей,
Травить, преследовать,
Тюрьмой грозя!
Но как без этого?
Никак нельзя!

8.

НАЧАЛЬНИК.
Ну, хватит.
Что ж, тут и думать особенно нечего:
Самая настоящая махровая антисоветчина.
Заведомые измышления наряду с клеветой
На наш политический государственный общественный
и так далее строй.
Согласно Уголовного Уложения
Статья семидесятая. Ваши предложения.
ПОМОЩНИК.
Брать. Брать!
Их надо брать, товарищ генерал.
Скажите слово — я с них душу выниму!
Три года в зубы каждому как минимум,
И — к уркаганам, на лесоповал.
НАЧАЛЬНИК.
Ну, что же, мне твои чувства нравятся.
Но с чувствами всё же придётся справиться.
А то ведь так, откровенно говоря,
Ты мне всю интеллигенцию загонишь в лагеря.

Ты их будешь загонять,
А с кем тогда Америку догонять-перегонять?
Жизнь у нас напряжённая, и всё более, а не менее.
Надо же людям как-то сбрасывать напряжение!
Что ж это, мы, после 56-го,
Не можем позволить себе лишнего слова?
После, понимаешь, XX-го съезда
Нам уж и потрепаться нельзя безвозмездно?
А если и радио послушаем,
Что ж мы, строй, понимаешь, разрушим?
Да пожалуйста! Хоть «Голос», хоть «Волну», хоть «Би-Би-Си»!
И сам чего хочешь, сколько хочешь неси —
Дома.
На кухне.
Свой круг, своя аудитория.
Но не дальше порога. Вот там — уже наша территория.
ИЛЬЯ.
Большая у вас территория.
НАЧАЛЬНИК.
Да, в сущности, вся.

(Берёт гитару)

9.

Однажды в чудный вечер
Я вышел на проспект,
Смешался там с толпою
И вышел на объект.
Объект имел приметы:
Курносый нос и женский пол,

И я, её детали
Фиксируя, повёл.
Утики-путики-сяся,
Ёрики-чморики-фу,
Вар-вар-вар-вара Калуга,
И не сказал ничего.
Значит, ещё подождём.
Когда дошли до дому.
Я знал уже от и до
Анкету, автобиографию
И с кем, когда и что.
За ней вошёл я следом
И, в дверку постучась,
Представился соседом
И вышел с ней на связь!
Утики-путики-сяся,
Ёрики-чморики-фу,
Вар-вар-вар-вара Калуга,
И не сказал ничего!
Значит, ещё подождём.

10.

(Поздно ночью кухонная компания расходится по домам)

«Когда мне невмочь пересилить беду,
Когда подступает отчаянье,
Я в синий троллейбус сажусь на ходу,
В последний,
Случайный...»
И кружит, и кружит последний троллейбус
По вольному кругу ночного кольца.
И ты не робеешь, и я не колеблюсь

Кружить и кружить по нему без конца.
Завьётся, завьётся верёвочкой горе,
Зальётся печаль золотою волной,
И утро придёт совершенно другое,
И полдень не прежний, и вечер иной.
Смотрите в окошко — а вдруг вам удастся
Заметить примету с намёком на плюс?
Дом номер тринадцать, и корпус тринадцать,
А вот вам и тройка, семёрка и туз!
Мелькнули Садово-Каретные вёрсты.
Привет, Якиманка, Таганка, адью!
И падают, падают, падают звёзды
Конечно, на счастье, конечно, к дождю!
Валяйте, колдуйте, гадайте на гуще,
Ищите ключи к золотому ларцу —
Всё будет не так и, конечно, не лучше,
Чем мягкий полёт по ночному кольцу.
Последний троллейбус, наивный кораблик,
Великой гитары попутный привет!
И губы любимые с привкусом яблок,
И просьба о счастье, которого нет...

11.

*(Наутро на той же кухне среди той
же компании являются ИЛЬЯ и ВАДИМ,
размахивая пачкой машинописных листков)*

ИЛЬЯ и **ВАДИМ**.
Здрасьте, здрасьте, друзья дорогие!
Чай, слыхали ужасную весть,
Что кругом пропадает Россия, —
Мы не в силах сие перенесть!

И мы вам говорим нараспашку,
Что сегодня, с утра протрезвев,
Сочинили мы эту бумажку:
В ней кипит наш общественный гнев!
Что и вносим мы в нашу компашку,
А потом в страны НАТО и СЭВ.
НАЧАЛЬНИК *(В стороне)*
Так-так. Ну-ка, ну-ка.
КОМПАНИЯ *(Читает листок)*
«Россия... Россия... Россия... Россия...
Сталин... Сталин... Сталин... Сталин...
Казалось бы... казалось бы... тем более, что всё-таки...
И вот тебе раз... и вот тебе два... и три и четыре... и 24....
Сколько можно?!»

(Подписывают один за другим)

— Неужели проклятые годы
Повторятся опять и опять?
— Неужели Ежовы-Ягоды
Снова будут сажать и сажать?
— Неужели права и законы
Вновь заменит безмозглый кулак
И сплошные запретные зоны
Стиснут горло, немое и так?
— Неужели корабль уже прибыл,
Не успев даже парус поднять?
Неужели единственный выбор —
Это врать или молчать?
Врать или молчать?
Врать или молчать?
Промолчи — попадёшь в первачи.
Промолчи — попадёшь в богачи.

Промолчи — попадёшь в палачи.
Промолчи, промолчи, промолчи!
Никогда, ни за что,
Нет, товарищ Сталин,
Мы пойдём другим путем,
Мы молчать не станем!
Джан, джан, джан,
Ван, ту, фри,
То-то будет тарарам —
И не говори!
ПИСАТЕЛЬ. *(Илье)*
Старик, извини: я подписывать не стану.
У меня книжка на подходе, они же мне
её сразу зарубят.
ИЛЬЯ.
Старик, о чём речь? Подпишешь в другой
раз — думаешь, этот последний?
ВАДИМ. *(Подняв листок с подписями и бутылку)*
Слушайте, слушайте, слушайте все;
Леди, синьоры, медам и месье!
Вот в этом вот экземпляре
С вашими подписями и вензелями
Будет храниться вот эта бутыль!
Я сошлю её в глухой монастырь:
Пусть лет десять томится в крепости,
Достигая особой крепости.
Через десять лет вот в этом чертоге
Мы сойдёмся и подведём итоги,
И если, конечно, сможем,
То и эту бутыль подытожим!
ХОР. *(Провожая бутыль и бумагу)*
Джан, джан, джан,

Джан, джан, джан,
И все эти десять лет
Будем пить нарзан!
Джан, джан, джан,
Як, як, як.
И все эти десять лет
Будем пить коньяк!
ИЛЬЯ. *(Размахивая остальными листками)*
Джан, джан, джан,
Джон, Джон, Джон.
Это мы пошлём в ЦК,
А это — в Вашингтон!
НАЧАЛЬНИК. *(В стороне)*
А вот это зря. Нарушают территорию...
ПОМОЩНИК.
Будем брать?
НАЧАЛЬНИК.
Значит так. Поясняю детально.
Все наверх. Форма номер один.
Но не брать. Подходить персонально.
Попугаем. Но брать погодим.
ПОМОЩНИК. *(Подчинённым)*
Значит, так. Смирно-вольно. Диктую.
Телефоны берём на контроль.
Список «А» поведёте вплотную.
Список «Б» — к нам на девять ноль-ноль.
Обкладывай их, ребятки, по форме номер раз!
Пусть станет им темно и неуютно.
Включай отделы кадров и гнев народных масс,
И мы посмотрим, что они споют нам!

12.

(Посреди Москвы возникает ИЛЬЯ, за которым, не скрываясь особенно, следует ПОМОЩНИК)

ИЛЬЯ.
Ой, кто бы дал мне карандашик, написал бы я слова!..
Ой, ребята, где я? кто я? Это Марс или Москва?
Ущипните меня, граждане, скажите, что я сплю!
А то, если вы не скажете, я сам вас ущиплю!
Это что же происходит — прям не выговорит язык!
Целый день за мною ходит наш родной советский — шпик!
Шпик! Филер! Агент охранки! Сыщик! Как это... фискал!
Да ведь я ж слова такие только в книжках и читал!
Это кто же я, по-вашему, — немецкий резидент?
Иль донжуан из Конотопа, не платящий алимент?
А может, я вообще народник-динамитчик-боевик?
Или вообще — в тылу у Врангеля подпольщик-большевик,
А за мной — советский шпик??!!
Вон он!
Я на рынок — он на рынок, я на мост — он под мост,
Посреди столицы Родины, в разгар социализма, за московским скромным тружеником — хвост?!

(К Помощнику)

Я советский! Я лояльный! Я нормальный гражданин!
Я послушный! Простодушный! Паспорт!
                                          Ручка! Руп!
Один!
Не имею! Не был! Не был! Не был и не состоял!
Хоть смотри под микроскопом —
                             а я чистый как кристалл!
Я ж с пелёнок октябрёнок, я ж с роддома пионер —
Так на кой же чёрт вам дался я, товарищ офицер?

ПОМОЩНИК.
Гражданин, в чём дело? Я вас не знаю.
ИЛЬЯ.
Ну, как же!
Мы ж ходили с вами в школу, в ту же самую, одну!
Мы ж на радость комсомолу поднимали целину!
Съезд двадцатый конспектировали, отвечали на билет,
Где мы вместе констатировали, что возврата нет!
Ну, вот и взял я карандашик и составил я слова
Про остатки сталинизма и неполные права,
Подпись, адрес — всё открыто, прямо Суслову Эм А!
Прямо Суслову Эм А, — видно, чуткому весьма!
Академик подписался! Два членкора из Пахры!
Три заслуженных артиста — это что, хухры-мухры?
Председатель аж колхозу! Герой-летчик-инвалид!
Что ж ты бегаешь за мною, красный следопыт?
Ну — побегай.

(И началась игра в догонялки сквозь проходные дворы, с переменой метро и автобусов...)

ПОМОЩНИК.
Он на рынок — я на рынок, он в обход — я в объезд,
Он в троллейбус — я в автобус, он в квартиру —
                                              я в подъезд.
Хочет, чтоб я облажался, на финты его поддался —
Я ж веду тебя открыто — что ж ты делаешь, подлец?

(И в сердцах ударяет он Илью и сваливает с ног. Тот, поднявшись, апеллирует к Начальнику)

НАЧАЛЬНИК.
Наше руководство поручило мне ответить на ваш запрос по якобы имевшим место фактам якобы

преследования вас якобы нашим сотрудником. Произведённая проверка показала: факты места не имели.
(Поёт)
Усики-пусики-сяся,
Ёрики-чморики-фу...

(ИЛЬЯ повернулся и ушёл)

Вар-вар-вар-вара Калуга...
И не сказал ничего!
Значит, ещё подождём.

(А ПОМОЩНИК ввёл ВАДИМА)

13.

ВАДИМ.
Вызывали?
НАЧАЛЬНИК.
А-а-а, здравствуйте, здравствуйте!
ВАДИМ.
Здрасс...
НАЧАЛЬНИК.
Добро пожаловать, милости просим!
ВАДИМ.
Оччч приятно...
НАЧАЛЬНИК.
Вы у нас впервые?
ВАДИМ.
Да, признаться, не имел удовольствия...
НАЧАЛЬНИК.
Но вы, конечно, понимаете, почему мы вас пригласили?

ВАДИМ.
Ума не приложу.
НАЧАЛЬНИК.
А вы приложите. Ума. Ну? Не догадываетесь?
ВАДИМ.
Невиноватый я.
НАЧАЛЬНИК.
В чём? в чём? В чём невиноватый?
ВАДИМ.
Ни в чём.
НАЧАЛЬНИК
Да? Ну, значит, мы ошиблись.

(Помощнику)

Подпишите ему пропуск на выход.
ПОМОЩНИК. *(Пока выписывает)*
Женаты?
ВАДИМ.
Три года.
ПОМОЩНИК.
Детей?
ВАДИМ.
Двое.
ПОМОЩНИК.
Не жалеете вы их.
ВАДИМ.
Не понимаю.
ПОМОЩНИК.
Всё вы понимаете, всё. С огнём играете.
ВАДИМ.
С каким ещё огнём?

ПОМОЩНИК.
Ну, почему вы с нами так неоткровенны?
НАЧАЛЬНИК.
Ну, почему вы с нами так неоткровенны?
ВДВОЁМ.
Ну, почему вы с нами так неоткровенны,
Вы с нами так неоткровенны почему?
ПОМОЩНИК. (*Вручил пропуск*)
До свиданья.

(*ВАДИМ двинулся к выходу*)

НАЧАЛЬНИК.
Джан, джан, джан...

(*ВАДИМ остановился*)

Дорогой Леонид,
Ты меня послушай:
Если есть аппетит,
Ты бери и кушай.
А тот ему отвечает... что он ему отвечает?
ВАДИМ.
Джугашвили, дорогой... эээ... не помню...
НАЧАЛЬНИК.
Так-так. Ну, Джугашвили — это Сталин, это понятно.
А вот кто такой Леонид? А? Утесов, что ли?
Или, может, Андреев? Или Леонов? Нет? А кто же?
Не помните. Ну, а как там дальше?
ПОМОЩНИК.
Джан, джан, джан,
Джан, джан, джан.
Можно ехать в Израиль
Через Магадан.

НАЧАЛЬНИК.
Джан, джан, джан,
Юк, юк, юк —
Ну, зачем же делать
Такой здоровый крюк?
Впрочем, как хотите.
Можно и через Магадан.
Уж ехать так ехать, а?
До свиданья, вы — свободны.

14.

(ИЛЬЮ окружают голоса)

1-й ГОЛОС.
Старик, извини, но тебе придется подать заявление по собственному.
ИЛЬЯ.
Почему?
1-й ГОЛОС.
Звонили.
ИЛЬЯ.
Кто?
1-й ГОЛОС.
Просили не ссылаться.
ИЛЬЯ.
Но как же...
2-й ГОЛОС.
Старик! Извини, но твоя защита отменяется.
ИЛЬЯ.
Звонили?
2-й ГОЛОС.
Просили не ссылаться.

ИЛЬЯ.
Та-ак...
3-й ГОЛОС.
Старик, извини, но твою сестру я не могу
положить в мою больницу.
ИЛЬЯ.
Тебя тоже попросили?
3-й ГОЛОС.
Нет, почему, я сам не могу.
4-й ГОЛОС.
Старик, извини, но не звони мне больше, пожалуйста.
5-й ГОЛОС.
Старик, извини, больше мне звонить не надо, хорошо?
ХОР.
Старик! Извини! Больше мне не звони!
Старик! Извини! Больше мне не звони!

(Входит ВАДИМ с чемоданом)

ВАДИМ.
Старик, извини меня, старый,
Видал я всё это в гробу.
Увы, семиструнной гитарой
Не переиграешь трубу.
Привык я к беспечному пенью,
Мне сладок отечества дым.
Но нечем дышать, к сожаленью.
Сам видишь: не царский режим.
Особый...
Старик, я ничуть не краснею,
Что еду, смываюсь, бегу:
Я их победить не сумею,
Но я и терпеть не могу.

Что делать, ну да, я не воин,
Я вождь многодетной семьи.
Старик, я ни в чём не виновен!
И всё ж — ты меня извини...
Джан, джан, джан...
ИЛЬЯ.
Джан, джан, джан... Ничего... Поезжай... Я вас провожу.
ВАДИМ.
Джан, джан, джан...
ИЛЬЯ.
Джан, джан, джан... Напиши!
ВАДИМ.
Напишу. Всё, я убежал.

(Ушёл)

15.

ИЛЬЯ.
Взял я водочки на грудь и портвею,
Огурцом заел, занюхал геранью
И в Генеральную пошёл Ассамблею,
И с трибуны обратился к собранью.
«До чего ж, говорю, "Би-Би-Си" и "Свобода"
Разоврались, — говорю, — прям стыдоба:
Будто с нас, окроме газу и лесу,
Никакого больше нет интересу!»
Отвечаю словоблудам поганым,
Соблюдая этикет и манеру:
«Что ж вы, суки, за своим чистоганом
Позабыли про культурную сферу?
Это Сталин был зажимщик и деспот:
Он впускал, не выпуская обратно.
А мы вон какой устроили экспорт:

Высший сорт и абсолютно бесплатно!
Как шепнут, бывало, верные люди,
Что нехватка там у вас музыкантов —
Ладно, пусть мы потеряем в валюте,
Высылаем ряд отборных талантов!
Кто играет за Париж и за Цюрих?
Наши шахматные львы — Боря с Витей!
Кто за всех американцев танцует?
Член ЦК ВЛКСМ в лучшем виде!
А что касается поэзии-прозы?
Мы же тоннами их вам поставляем!
Я вам честно говорю: это слезы,
Что себе мы на развод оставляем!
Вон Солженицына-то как вывозили?
"Не хочу, грит, никуда из России!"
И пришлось его с душевною болью
Всем конвоем волочить к Генрих Бёллю!
И актёров с режиссерами — нате!
И живописцев с фигуристами — битте!
И умоляю — ни слова о плате!
Ну, разве парочку агентов — верните.
Вот с компьютерами — да, дело плохо.
Нет на вывоз ни хрена, скажем честно.
Ну, а этого добра у нас много!
И куда его девать — неизвестно.
Россия-матушка,
Любовь моя:
Хотя убогая —
Обильная,
Хотя могучая —
Бессильная,
Россия-матушка...
(Но тут к нему пришли с обыском)

ПОМОЩНИК. *(Складывает предметы в мешок, диктуя опись)*
Машинописный текст на трёх страницах, бумага белая, плотная, заголовок: «К мировой общественности», последняя фраза: «До полной победы демократии». Машинописный текст на пяти страницах, бумага серая, неплотная, первая фраза: «Вновь торжествует беззаконие», последняя фраза: «А пока беззаконие торжествует вновь». Машинописный текст на 20 страницах, бумага прозрачная курительная, через один интервал, заголовок: «Письма Короленко Ве Ге Луначарскому А Ве».
ИЛЬЯ.
Это письма Короленко к Луначарскому!
ПОМОЩНИК.
По-моему, я так и продиктовал.
ИЛЬЯ.
Но какая же это антисоветчина?
ПОМОЩНИК.
А на это у нас эксперты. Мало ли что Короленко. Мы вон и Щедрина на экспертизу отправляли.
ИЛЬЯ.
Неужели антисоветчик?
ПОМОЩНИК.
Нет, но возможны расширительные толкования. Книга, обложка мягкая, светло-серая, издание американское...
ИЛЬЯ.
Это стихи Ахматовой!
ПОМОЩНИК.
Стихи нас не интересуют. Нас интересует предисловие.

ИЛЬЯ.
Выдерите предисловие, стихи оставьте.
ПОМОЩНИК.
Чтобы завтра по «Голосу» передали: московские чекисты — варвары, рвут книги на обыске... Да вы не волнуйтесь. Что не нужно, мы вернём. Что вы волнуетесь? Фотография мужчины с бородкой...
ИЛЬЯ.
Это Чехов!
ПОМОЩНИК.
По-моему, Солженицын.

(К публике)

По-вашему, это Чехов? Нет, точно Чехов?

(Вернул)

Нет, Чехов нас не интересует. Фотография женщины в купальнике...

ИЛЬЯ.
Не трогайте!
ПОМОЩНИК.
...в купальнике. На обороте надпись...
ИЛЬЯ.
Прекратите!
ПОМОЩНИК.
...надпись. От руки, выполнена красителем чёрного цвета. «Любимый...» Ну, хорошо, хорошо. Тетрадь общая, в клетку. Записи выполнены от руки красителями разных цветов.
ИЛЬЯ.
Это мой личный дневник!

ПОМОЩНИК.
Я вижу. Начальная запись. Январь 68-го.
«Неужели это никогда не кончится?»
Последняя запись, июнь 72-го.
«Боюсь, что это не кончится никогда».
Правильно, не кончится. И правильно, что боитесь.
Четырнадцать писем в связке...
ИЛЬЯ.
Это мамины письма!
ПОМОЩНИК.
Вот и хорошо. Письма твоей мамы... адреса твоих друзей... телефоны твоих подруг... подноготная твоих мыслей... твои желания, твои комплексы, твои тайны... Стоять!!!

(Уложил мешок)

Вам оставляется копия протокола.
И учтите: наше терпение не беспредельно.

17.

(И вот ИЛЬЯ в разорённой кухне со своими друзьями)

ИЛЬЯ.
Вечерний шмон... вечерний шмон... как много дум наводит он!
Понимаешь, почему они приходили?
Завтра День Защиты Прав будет во всём мире.
Вновь на площадь приползёт кучка отщепенцев
И плакатик развернёт из двух полотенцев...
Ой, на Казанском на вокзале меня поезд задавил!
Кабы раньше подсказали, я туда бы не ходил...
Вот и подсказали.

МАРИНА.
Я пойду с вами.
НИКОЛАЙ
Да помолчи ты! Разбежалась... Разлетелся мотылёк.
Здесь идут не на прогулку, а на зону! и на срок!
Это раньше — тары-бары, трали-вали, хи-хи-хи.
А пойдут клопы и нары — а не песенки-стихи!
Ты баланду не хлебала — и не надо! и сиди!
И заткни своё хлебало! и других не заводи!
МАРИНА.
Ой, ну ладно, ладно уж... допустим, не пойду.
Я пойду уж лучше сразу адвоката вам найду.
Правда, с этим плохо дело... раз от разу всё трудней.
Что ж ты пьёшь-то как сапожник?
Ну, тогда и мне налей.
А может, всё и обойдётся?.. Может, прошлое учтут?..
Может, гады, вместо лагеря куда-нибудь сошлют?..
Я б тогда в одну секунду... купим домик... огород...
Заведём свинью живую и другой рогатый скот...
НИКОЛАЙ.
Пусти, пусти меня, начальник,
Домой на пару-тройку дней
Хочу сказать я два-три слова
Своей подруге дорогой:
«Не ожидай меня, родная,
Теперь дают по двадцать пять.
Их пережить, наверно, можно,
Но невозможно переждать».
«Идут на север срока огромные,
Кого ни спросишь — у всех указ.
Взгляни, взгляни в глаза мои суровые
И поцелуй последний раз».

18.

***ИЛЬЯ* и *ХОР*.**
— Куда собрался, капитан, куда ты, брат, собрался?
Погоды нету, капитан, нигде погоды нет.
— Там крик о помощи, милорд, я слышал, крик раздался,
Милорд, я слышал этот крик, теперь за мной ответ.
— Ты что, не видишь, капитан, ты разве сам не видишь:
В такую бурю, капитан, не выплыть никому.
Да ты же вмиг пойдёшь ко дну,
      как только в море выйдешь!
— Я слышал крик, милорд,
     мой долг — откликнуться ему.
— А что команда, капитан, в дорогу, чай, не рвётся?
Жена и дети, капитан, а им что предстоит?
— Со мной охотники, милорд,
      со мной лишь добровольцы,
А дом родной простит, милорд, мой дом меня простит.
— Но эта жертва, капитан, глупа и бесполезна.
Нас слишком мало, капитан, мы все наперечёт,
А дел так много, капитан, трудов такая бездна!
Твое геройство, капитан, ослабит целый флот.
Ну, что ты пойдёшь на площадь,
      поднимешь там свой лозунг,
Получишь свои три года, а в зоне ещё дадут.
На Западе — вяло вякнут,
      здесь — всем перекроют воздух,
И кончится наше дело, чего они и ждут.
А будет жалко, капитан, коль ниточка порвётся.
И грустно будет созерцать злорадство этих морд...
— Во всём ты прав, а я неправ, как в песенке поётся.
Но не могу я не идти, прости меня, милорд.

19.

(На следующий день ИЛЬЯ с НИКОЛАЕМ пошли на площадь и там развернули плакат «Родной ЦК! Уйми ЧК! Освободи политЗК!»)

ИЛЬЯ и **НИКОЛАЙ**.
Дорогие сограждане, братья!
Заявляем активный протест!
Нас замучила партбюрократья —
Сколько можно нести этот крест?
Этот тягостный труд подневольный,
Государственный наглый грабёж.
И сплошной произвол бесконтрольный,
И сплошную тотальную ложь!
Дорогие сограждане, братья...
ПОМОЩНИК. *(Подчинённым)*
Значит, так. Поясняю детально:
Перед нами наш внутренний враг.
Что для нас абсолютно нормально,
То для них всё не то и не так.
Ленин, Родина, Кремль, всё на свете —
Только пища для ихних острот.
Ох, уж эти ухмылочки, шуточки эти,
Улыбочки эти вот — в рот!
Обкладывай их, ребятки, по форме номер раз!
Тащи их на ковёр, не дай очнуться!
Спускай на них всю прессу и гнев народных масс,
И мы посмотрим, как они смеются!
«Протестуем! Свободу! Народу!»
Декабристы, едри иху мать!
Да плевали они на свободу —

Им бы, бля, своё «я» показать!
Что ж такое? Квартира, зарплата,
Девки, дачи, вот столько всего —
Ну, чего вам ещё, ну чего ещё надо,
Чего не хватает, чего?!!
Обкладывай их, ребятки, по форме номер два!
Работаем вплотную к ним, как вохра!
Дышите им в затылок, чтоб заныла голова,
Язык опух и глотка пересохла!

(И взяли их вместе с плакатом)

20.

(Через некоторое время под руководством НАЧАЛЬНИКА состоялся суд)

НАЧАЛЬНИК.
А слушается дело о распространении клеветы
На проезжей части Красной площади города Москвы.
А слушается дело абсолютно открыто,
Ни в чём никакого лимита.
Только ввиду тесноватости данного закутка
Пришлось ввести специальные пропуска.
И в первую очередь для представителей общественности,
Умеющей себя соответственно вести.
Поэтому в зале нет ни родных, ни любимых
Наших досточтимых подсудимых.
Ввиду, как сказано ранее,
Тесноты кубатуры помещения зала заседания.
И только поэтому!
Слава богу, прошли времена произвола и беззакония!
Наступила гармония.
До... ми... соль... и-и:

ХОР.
Да здравствует наша держава!
Да здравствует наша страна!
Да здравствует, браво и слава
За годы борьбы и труда!
НАЧАЛЬНИК.
Большое спасибо за чудесное пение!
Продолжаем объективное рассмотрение.
А вдруг, понимаешь, эти ребяты
Ни в чём и не виноваты?
А может, вдруг они на Красной площади проезжей части
И не распространяли клевету против советской власти?
Вот и надо, чтоб на всё это правильно ответили
Приглашённые нами свидетели.
СВИДЕТЕЛЬНИЦА. *(Средних лет)*
Я не была на площади,
Но прессу я прочла,
И что это за молодчики,
Отлично поняла.
Французским мылом моются,
Турецкий кофий пьют.
На всё чужое молятся.
На всё своё плюют.
С семнадцатого года
Живём в кругу врага.
Пускай живём фигово —
Орать-то на фига?
Они ж там ждут и просят.
А эти — тут как тут:
Всю нашу грязь выкосят.
Извольте, вери гуд!
Вот вам наш бардак отъявленный!

Вот вам сизый наш алкаш!
Вот вам наш Байкал затравленный!
Вот вам женский трикотаж!
Вот наши сотни-тысячи
В трубу ни за пятак!
Да что же вы мне тычете,
Что знаю я и так?!
Но я же не кричу же!
Молчу же я! Хотя
Я вас ничем не хуже.
Но вот молчу же я!
Аж, даже неудобно:
Ведь взрослые, гляжу.
Да я в говне утопну
И слова не скажу!
А эти лбы здоровые —
Так нет, подайте им
Условия особые!
Вот щас и подадим.
СВИДЕТЕЛЬ.
На площади я не был.
Но прессу я прочёл.
И весь я полон гневом
С презрением причём.
Вот довела докуда.
Вот привела куда
Излишняя культура
И отсутствие труда!
Я тёмный рядом с вами.
Я песен не пою.
Вот этими руками
Я вас кормлю-пою.

И разговоры ваши
Мне даром не слышны.
И все свободы ваши
Мне на фиг не нужны!
Без них на свет родился,
Без них живу-кручусь,
Как раньше обходился,
Так дальше обойдусь.
Права, слова — о чём вы?
Какую правду вам?
А шли бы вы, учёные...
Да вон хотя бы к нам.
Недельку поработал,
Мозолей понабил —
И башли заработал,
И правду позабыл!

СВИДЕТЕЛЬНИЦА. *(Пожилая)*
Я не была на площади,
Я вижу их впервой:
Я в это время в очереди
Стояла за крупой.
Пока они с плакатами
Бузят на площадях,
Мы с нашими зарплатами
Стоим в очередях.
Да! В них стоим мы с юности
До гробовой доски!
Да! И похуже трудности
Пришлось нам перенести!
Да! Берия со Сталиным
Уничтожали нас,
Тогда в лицо плевали нам,

Харкают и сейчас!
Но несмотря на Берию,
И раньше, как сейчас,
Мы в наше дело верили
В отличие от вас!
И наше в том различие,
Что вера у нас есть!
И мы, от вас в отличие,
Всё можем перенесть!
А вас пугают трудности!
Вы мамкины сынки!
Вы вон даже из-за трусости
Готовы в Соловки!
ИЛЬЯ.
Протестую! Свидетели не были на площади...
НАЧАЛЬНИК.
Суд, совещаясь на месте,
Не нуждается в вашем протесте.
Продолжаем наш концерт:
Выступает наш эксперт.
А вдруг, понимаешь, на ихнем плакатике
Никакой такой злобной тематики
И заведомо ложных клевет
Нет?
ПИСАТЕЛЬ.
Собственно, тут и думать особенно нечего:
Самая настоящая махровая антисоветчина.
Текст плаката требует от ЦК
Свободы для политических ЗК.
Но среди всех народов просвещённых
Известно, что у нас нет политических заключённых.
Как только мы покончили с культом личности,

Одна уголовщина осталась в наличности.
А плакат утверждает противное,
Тем самым активно пропагандируя,
Что наша власть беспощадна и лицемерна,
Что, как известно, в корне неверно.

(Апарт)

Жандармы, стукачи, агенты,
Сексоты — дьявол их возьми.
Но наши братья-диссиденты
Гораздо хуже, чем они.
Не понимая обстановки,
В упор не слушая друзей,
Прут на рожон без остановки,
Хвалясь отвагою своей!
И всё, что мы годами копим,
Один дурацкий диссидент
Своим геройством остолопьим
Развеет в дым в один момент!
И режут нам статьи и книги,
И затыкают всякий рот,
Едва какой-нибудь задрыге
Взбредёт полезть на эшафот.
Не надо рыцарей России!
Не надо пламенных речей!
Они в чудовищной трясине
Плодят лишь гадов да зверей!
И чтоб хоть как-то сохраниться,
Хоть как-то нить не упустить,
Вот как приходится крутиться!
Вот что писать и говорить!
Всё из-за вас!

ПОМОЩНИК.
Обкладывай их, ребятки, по форме номер три!
В три шеи! в три погибели! в три брызги разотри!
НИКОЛАЙ. *(Не выдержав)*
Кто бы дал мне карандашик, написал бы я слова!..
И мне дали карандашик, и слова я написал:
Что признаю себя виновным по предъявленной статье,
По предъявленной статье о враждебной клевете...
Что вслед за голосом «Свободы» и волнами «Би-Би-Си»
Я повторял, что нет свободы, нету свету на Руси.
И что мы делаем ракеты и перекрываем Енисей
Ценой полного разора бедной родины своей —
Что является зловредным искаженьем наших дней...
А всё оттого, что незаконно я при Сталине сидел
И всю накопленную злобу теперь вылил на страну,
В чём я раскаиваюсь полностью и полностью сдаю
Всех, с кем когда и где порочил я власть любимую
свою-у-у-у!
Пусти, пусти меня, начальник:
Я сделал всё, как ты велел:
Своих друзей тебе я продал,
Свою свободу пожалел.
В моих глазах всё помутилось,
Ослабли ноги до колен,
Как понял я, что снова лагерь
И снова ни за сучий хрен.
Прощайте все: я уезжаю.
А кто не понял, не простил,
Пускай зачтёт мне ту десятку,
Какую я уже отбыл!..

(И тогда к Илье подскочил НАЧАЛЬНИК)

НАЧАЛЬНИК.
Значит, так. Поясняю детально:
Этот суд контролирует САМ.
Нам не надо шумихи скандальной,
Так же как, полагаю, и вам.
И хотя вы нас очень не любите,
Говорю вам со всей прямотой:
Обещайте, что больше не будете,
И сейчас же идите домой.

(Пауза)

ИЛЬЯ.
Уважаемые заседатели...
Глубокоуважаемый суд...
Я надеюсь, не зря мы потратили
Ваше время бесценное тут.
Я поеду в своё заключение.
Я у вас не прошу ничего.
Лишь позвольте мне спеть в заключение
Тот припевчик... напомню его:
Стаканчики гранёные,
О чём звенели вы?
Головушки учёные,
О чём шумели вы?
Какая вас нелёгкая
На площадь погнала?
Какая даль далёкая
На помощь позвала?
Стаканчики гранёные...

(Ему невольно и всё дружнее подпевают остальные, кроме НАЧАЛЬНИКА)

НАЧАЛЬНИК.
Молчать!!! Подсудимый, я лишаю вас слова! Я лишаю вас свободы! Я лишаю вас всего! Замолчите вы или нет??! Именем Российской Советской Федеративной Советской Российской...

(Не в силах устоять перед нарастающим хором, отбрасывает бумагу и присоединяется)

ОБЩИЙ ХОР.
Какая даль далёкая,
А счастья не видать!
Какая степь широкая,
А смерть — рукой подать!
Душа болит и мается
От бедности своей,
И только в песне ей гуляется,
Как вздумается ей:
Эх, Тула, Тула я — да на горе стоит ольха!
Эх, раз да ещё раз — а под горою вишня!..

21.

(ИЛЬЯ из своего сибирского далёка перекликается с Алёной)

ИЛЬЯ.
Здравствуй, дорогой мой пушистый кролик.
Пишет тебе твой пропащий алкоголик,
Которого теперь окружают условия,
Исключительно полезные для его здоровия.
Бутылки, напитки, кухонные бдения
Здесь не проникают даже в сновидения.

Вспоминаются только почтенные истории,
Например, посещение консерватории.
И даже тут открыл я на досуге,
Что Моцарт — это русский композитор.
Вот — помнишь?

(Напевает из 2-й части Концертной симфонии)

Это же русская музыка. Давно собирался сочинить слова.
Наконец, нашёл время и место. Вот, послушай.
Темна тайга в моей дали.
Молчат снега, проходят дни.
И доживу ль до вешних дней,
Увы, не знаю я:
Темна тайга в дали моей.
ОБА.
В глухой ночи и белым днём
Огонь свечи в окне твоём,
И свет её так ясно виден мне
За чёрной мглой и далью
Этот свет в окне...
НАЧАЛЬНИК. *(Тоскливо)*
Ну, добавьте ему там, добавьте!..

(ИЛЬЮ коротко и сильно избивают)

ИЛЬЯ. *(После паузы)*
За далью лет,
За этим холодом казённым,
Я вижу свет
В твоём окне, всегда бессонном.
И слышу я
За пеленою бури снежной
Твой голос прежний,
Любовь моя...

НАЧАЛЬНИК. *(Так же)*
Ну, добавьте ему, добавьте, срок добавьте, тюрьму добавьте, свидание отнимите, передачу, посылку...

ДУЭТ ИЛЬИ и АЛЕНЫ

Ты есть —
И нет зимы неумолимой.
Ты есть —
И нет беды неодолимой,
Ты есть —
И мы с тобой ещё увидим
Небо...
Море...
И свет и радость вешних дней.

ХОР.
Темна тайга в моей дали.
Молчат снега, проходят дни.
Темна моя тайга...
Проходят дни мои...

22.

(НАЧАЛЬНИК и ПОМОЩНИК появляются с красными бутоньерками в петлицах)

НАЧАЛЬНИК и ПОМОЩНИК.
Здрасьте, здрасьте, друзья дорогие!
Наконец-то настала пора!
Установки теперь все другие,
И мы тоже не те, что вчера!

На исходе двадцатого века,
Хорошо потрудившись в борьбе,
Кой-какие права человека
Можем смело позволить себе!
А излишний надзор и опека
Ни к чему в нашей дружной семье-семье-семье!

(ИЛЬЯ на свободе. Его встречает АЛЁНА. Его встречают друзья. Опять собралась компания на московской кухне. И даже — «О-о-о-о!» — появился ВАДИМ, шикарный и заграничный)

ВАДИМ.
И снился мне большой кошмар.
Как будто наяву
Я никогда не уезжал,
В Париже не живу
И не имею за душой
«Рено» и «шевроле»,
А только этот рай земной
Ценой в сто сорок рэ.
ИЛЬЯ.
Джан, джан, джан...
ВАДИМ.
Вай, вай, вай...
ИЛЬЯ.
Ждал, понимаешь, Мирей Матье...
ВАДИМ.
Бат приехал ай. Господа, что у вас происходит?
ИЛЬЯ.
У нас революция, месье.
ВАДИМ.
Как тогда?

ИЛЬЯ.
Абсолютно. Земля крестьянам, власть Советам. Верхи ещё хотят, но не могут, низы могут, но ещё не хотят.
ВАДИМ.
Ну и где же ваш Распутин?
ИЛЬЯ.
В Сибири, чистит Байкал.
ВАДИМ.
Но Зимний вы уже взяли?
ИЛЬЯ.
Нет, но Романова скинули.
ВАДИМ.
А кто же у ВАС выступает в роли Ленина?
ИЛЬЯ.
Как кто? Ульянов, разумеется, кто же ещё?
ОБА.
Ну, как у вас дела насчёт картошки?
Насчёт картошки? Насчёт картошки!
Она себе становится на ножки!
Ну, слава Богу! Я-таки рад за вас!
Север, юг, восток и запад.
Север, юг, восток и запад.
Север! О-о! Юг!

(ВАДИМ достал было разноцветную бутылку, но тут АЛЁНА вынесла ту самую, с бумагой и подписями)

ВАДИМ.
Господи! Уцелела...
Слушайте! Слушайте, слушайте все!
Леди, синьоры, медам и месье!
Узнаете ли вы этот предмет,

Спрятанный нами на десять лет
С некоторой бумагою,
Подписанной нами с большою отвагою!
Лет через двести наши биографы
Дадут миллионы за эти автографы!

(Сверяет подписи с наличествующими)

Ты? — здесь? Ты? Тоже здесь. Ты... Ты... Вот и я. А где же... Братцы!..
ИЛЬЯ.
Читай.
ВАДИМ
Габай... Илюша Габай.
ИЛЬЯ.
Отбыл срок, вернулся, через год покончил с собой.
ВАДИМ.
Делоне Вадик...
ИЛЬЯ.
Отбыл срок, затем вынужденная эмиграция, там и умер, 35 лет от роду. Очень тосковал...
ВАДИМ.
Галансков Юра...
ИЛЬЯ.
Получил 7 лет, там и умер, за год до конца срока.
ВАДИМ.
Марченко Толя...
ИЛЬЯ
Имел 4 срока и ссылку, в сумме лет 19. Так и погиб в Чистопольской тюрьме. В 86-м году.
ВАДИМ.
Тоша Якобсон... Гриша Подъяпольский.. Ира Каплун... Саша Галич... Вика Некрасов...

ХОР.
Вечная память.
Вечная память.
Память во веки веков.
О как жестока, темна и безумна
Наша дорога к свету дневному!
Но терпеливо и неуклонно
С каждой утратой всё ближе заря.
Вечная память.
Память во веки веков.

КОНЕЦ

ОПЕРА НИЩИХ НА РУССКИЙ МОТИВ

ОТ АВТОРА

В «лихие девяностые» — и далее, в нулевые-десятые, — я всё думал, как бы это отразить мою современность в каком-то масштабном сочинении. Довольно быстро объявилась идея переложить «Трёхгрошовую оперу» Брехта на нашу действительность, столь похожую на их «бурные двадцатые». И пожалуйста: Мэкки Нож у меня — Лёха Ствол, Пантера Браун — ПОЛКАН (т. е. Полковник) Рудик, мошенник Пичем — Жора Цыган, а красотка Полли — красотка ПОЛИНА. Рудика с Лёхой спаял дружбой Афган (как Брауна с Мэкки — Индия), но у меня дружбу убил бизнес. Брехт не решился на такое злодейство.

Музыку я придумал сам. Впрочем, возможны варианты.

Юлий Ким

ОПЕРА НИЩИХ НА РУССКИЙ МОТИВ

Либретто мюзикла в 2-х частях

ДЕЙСТВУЮЩИЕ ЛИЦА

ЛЁХА СТВОЛ, *авторитет*
ЖОРА ЦЫГАН, *мошенник*
МАРИЯ, *жена ЖОРЫ*
ПОЛИНА, *их дочь*
РУДОЛЬФ РУДОЛЬФОВИЧ, *по прозвищу «ПОЛКАН», начальник ОБЛУВД*
ВИКТОР ИЛЬИЧ СТУЛИН, *кандидат в мэры*
ПОЭТ
ЖЕНЯ ПОПОВА — *волонтёр*
ХОР — *торговцы, мафиози, милиция и др.*

ПРОЛОГ

(В городской бане Губернского города, распаренные и разомлевшие, отдыхают четверо друзей: ЛЁХА, ЖОРА, РУДИК и СТУЛ. Слышна знаменитая «Баллада Мэкки Ножа» в исполнении Луи Армстронга)

ЖОРА.
Эй! Можно потише?

(Музыка звучит потише)

ЛЁХА.
Да выруби её, к чёртовой матери, вообще!

(Музыка умолкает. И тогда друзья заводят своё)

ПЕСНЯ О СВОБОДЕ

Мы на зоне нашей общей
Ни за что и ни про что
Отбывали срок бессрочный,
Пока время не пришло.
Дали, дали нам свободу
По указу из Кремля,
И теперь нам стало можно
Всё, что было нам нельзя.

ЖОРА.
А мы на зоне не учились
На работе руки рвать...

ЛЁХА.
А учились мы на зоне
Поголовно воровать.
ПОЛКАН.
Потому что по-другому
Не хотели, не могли...
СТУЛ.
У нас Бога отобрали,
А замену не нашли.
ВСЕ.
Эх, ты воля наша, воля,
Праздник вохры и братвы!
Гуляй, дроля, без контроля
От Камчатки до Литвы!
Крик задушен, плач оборван,
Только слышен чей-то вой:
«Ты не вейся, чёрный ворон,
Над моею головой...»

(Пауза)

СТУЛ.
После выборов я эту баню закрою.
ЖОРА.
Стул, ты что? Это ещё зачем?
СТУЛ.
А зачем нам общественная баня? Здесь будет оздоровительный комплекс. Для людей умственного труда. Закрытый. Только мы и артисты.
ЛЁХА.
Стул, а чего ты так уверен, что пройдёшь?
СТУЛ.
С вами, Лёха, я пройду куда угодно. С одного тура.

ПОЛКАН.
Леха! Ну, куда они денутся, все?
ЛЁХА.
А нас ты потом куда денешь?
СТУЛ.
А как при коммунизме: каждому по потребности.
ЖОРА.
Сперва полагается — каждому по труду.
ЛЁХА.
Что, Жора, думаешь хорошо заработать?
ЖОРА.
А ты не думаешь?
ЛЁХА.
Если полиция поможет.
ПОЛКАН.
Ради общего дела...
ЖОРА.
С полицией надо делицца.
ЛЁХА.
А ты не собираешься?
ЖОРА.
Пока обходился. По старой дружбе.
ПОЛКАН.
Нарушаем уговор, хлопцы. В бане — только школьные воспоминания и хоровое пение.
СТУЛ.
Леха! Жора! Рудик! В долгу — не останусь.
ВМЕСТЕ.
«Ты не вейся, чёрный ворон,
 Над моею головой.
Ты добычи не дождёшься,
Чёрный ворон, я не твой!..»

АКТ ПЕРВЫЙ

СЦЕНА ПЕРВАЯ

(Стихийная городская барахолка. Крики торговцев. На их фоне — ПОЭТ)

ПОЭТ. *(рэп)*
Полтыщи лет летал над нами двухголовый орёл,
В 17-м очнулись и не верим глазам:
Вместо этого мутанта — острые концы
Звезды! Пятиконечной! Хорошо не шести.
Вот Ё пе ре се те!
Ой, я не понимаю!
Всё смешалось в нашем доме,
Как сказал Толстой!
Всех частников отправили на лесоповал,
Всех умников угнали в Истамбул и Париж.
Кого не расстреляли, оболванили — зато
Наделали ракет и перекрыли Енисей.
Вот ёкэлэмэнэ!
Ой! Я вас умоляю!
Нет, ребята, всё не так,
Как сказал поэт.
В 91-м очнулись опять:
Звезда горит, орёл парит, вернулся родной,
Во храме коммунисты отпевают государя,
И выйдя за кефиром, что же вижу я кругом?

ВМЕСТЕ С ХОРОМ.
Кругом прекрасная торговля частная,
Торговля честная — баш на баш.
Хоть будь ты дух святой — за этот рай земной
Всё отдашь!
Всё отдашь!
Всё отдашь!
Кругом прекрасная торговля частная,
И мы все честные как один,
Мы люди скромные — за ваши кровные
Всё продадим! Всё продадим!
Всё продадим!
КРИКИ.
— Купите вождей! Купите вождей!
— Эрекция! Эрекция!
— Дайте ходу самогону!
— Какой хочешь книжка!

(Шум мотора. Из Мерседеса являются ЛЁХА и ПОЛИНА)

ЛЁХА. *(оглядывается)*
Ваш контингент.
ПОЛИНА.
Папина территория.
ЛЁХА.
Часто здесь бываешь?
ПОЛИНА.
Я? Здесь? После Лондона?
ЛЁХА.
Королева, я молчу. Но вот где-то здесь я их видел.
ПОЛИНА.
Кого их?

ЛЁХА.

Родственников.

ПОЛИНА.

Каких ещё родственников? Ты же сирота.

ЛЁХА.

Наших родственников, Линочка, наших с тобой будущих предков. Чтобы всё как положено...

(Подходит к ВЕТЕРАНУ)

ВЕТЕРАН. *(Торгует бюстами вождей)*

Наверх вы, товарищи, все по местам!
Последний парад наступает!
Кто Родину Штатам ещё не продал,
Пусть наших вождей покупает!
За нами Россия! За нами Москва!
За Ленина — доллар! За Сталина — два!

ПОЛИНА.

А чего это Ленин у тебя дешевле?

ВЕТЕРАН.

Сталин покруче будет.

ЛЁХА.

Зато Лысый хоть своих не сажал. А этот не стеснялся.

ВЕТЕРАН.

Он очищал ряды!

ЛЁХА.

Допустим. А тогда беспартийных за что?

ВЕТЕРАН.

А чтоб лишний раз не возникали!

ЛЁХА.

Дед, скажи честно: ты-то сам — сидел? Или сажал?

ВЕТЕРАН.

Вот тебя бы я точно посадил.

ЛЁХА.
Меня-то за что?
ВЕТЕРАН.
А чтоб не возникал лишний раз.
ЛЁХА.
Да я разве возникаю? Ну что ты, батя. Если бы я возникал, ты бы у меня всю эту свою скульптуру сейчас без масла — давился бы, а жрал, пока не сдох, вертухай сраный! *(Трясёт съёжившегося старичка)*
ПОЛИНА.
Леш! Ты что? Сегодня же свадьба. Ну, потерпи до завтра.
ЛЁХА.
Ладно, сучара, торгуй. Хотя при таких расценках ты со своими вождями до коммунизма не дотянешь.

(Отходит)

ВЕТЕРАН. *(Поглаживая Сталина)*
Ничего. Скоро он у нас подорожает. По-другому заговорите.
ГАДАЛКА.
Поверьте старой хиромантке,
Прямой наследнице Кассандры,
Как звёзды в небе Саламанки,
Я вижу чакру вашей мантры.
Вы помесь Крысы с Козерогом,
Ваш знак — Меркурий, камень — яшма,
А это говорит о многом,
О чём подумать даже страшно.
Кому я только не гадала:
Князьям, бандитам, коммунистам,
И очень многим угадала
Топор и пулю в поле чистом.

Все говорят: мой глаз алмаз.
И вот я им смотрю на вас.
ПОЛИНА.

Женщина! Посмотрите лучше на кого-нибудь другого. Пойдём, Лёш, а то она сглазит.
ЛЁХА.

Мадам! Преждевременную смерть у нас нагадать нетрудно. Для этого в государстве — все условия.
ГАДАЛКА.

Ну, всё-таки интересно же, кто раньше.
ЛЁХА.

А у нас все раньше.
КНИГОТОРГОВЕЦ.

Ай, какая девушка!
Ай, какой парнишка!
Сколько хочешь выбирай
Какой хочешь книжка!
Не смотри по сторонам,
Подходи поближе:
Вот для дома,
Для семьи,
Для души и ниже.
Вот про золото Кремля,
Вот про мир преступный,
Вот про женский монастырь
Весь такой распутный.
Книжки надо покупать,
Торопитесь, люди!
А не то лет через 5
Их вобще не будет.
ЛЁХА.

Слушай, и при таком выборе, неужели есть ещё какой-нибудь дефицит?

КНИЖНИК.
Есть. Вот. Для хорошего человека не жалко. Всем за тыщу — тебе за пятьсот.
ЛЁХА.
Уголовный кодекс? Ха!
КНИЖНИК.
Что ты! Нарасхват идёт!
ПОЛИНА.
Нет, нам не надо.

(Утягивает ЛЁХУ)

КНИЖНИК. *(Вслед)*
Это вам так кажется! Всем надо.
ПОП.
Люди! Прохожие! Твари Божии!
Образованные, необразованные,
Здоровые и парализованные!
Ну, хоть немного
Побойтесь Бога!
Ой, Иисусе Христе, до чего стали все
Бессердечные!
Закусив удила, все пустились в дела
Многогрешные.
Ой, пропала страна, ой, пришли времена
Хуже нетути!
На спасенье души-то хоть руп, паразиты,
Пожертвуйте!
Ну, хоть немного — побойтесь Бога!
ПОЛИНА.
Батюшка! Скажи, только честно: Бог есть?
ПОП.
Вот чтоб мне на этом месте провалиться, если нет.

ЛЁХА.
Убедил. А молодых благословить — можешь? Как положено?
ПОП.
Без проблем.
ЛЁХА.
Берём.

(Свистит. Те же и пара качков)

Заверните.

(ПОПА уносят)

ПОЛИНА.
Это ты его искал?
ЛЁХА.
Нет. Моя мечта — другая.
ПОЛИНА.
Какая мечта?
СЕКСОЛОГ.
Эрекция! Эрекция!
Всего лишь одна! Инъекция!
И немедленно! И неуклонно!
Словно мраморная колонна!
Продолжительно! Безотказно!
Вплоть до бешеного оргазма!
Вплоть до полного! Изнеможенья!
От чудовищного! Изверженья!
ЛЁХА.
Эээ...
СЕКСОЛОГ.
Испытано. На шимпанзе. Результат превзошёл ожидания, все.

ЛЁХА.

Ааа...

СЕКСОЛОГ.

Были ещё испытания. На быках, в Испании. В Мадриде. На корриде. Матадор едва не погиб: ему померещился атомный гриб.

ПОЛИНА.

А на себе — пробовали?

СЕКСОЛОГ.

Не нуждаюсь. Я — импотент по убеждению.

ЛЁХА.

Как по убеждению?

СЕКСОЛОГ.

А так. Жить легче. И дешевле. Намного!

ПОЛИНА.

Лёшенька! Ммм? На всякий случай.

ЛЁХА.

У меня и так на всякий.

ПОЛИНА.

Ну, мало ли.

ЛЁХА.

Мало не покажется.

ПОЛИНА.

Ты прям Чикатило.

ЛЁХА.

Казанова, Линочка, Казанова.

ПОЛИНА.

Чикатило, Чикатило.

ЛЁХА.

Погоди. Да погоди же ты! Вот они.

(Перед ними галерея старинных портретов)

ПОЛИНА.
Зачем нам это старьё? Ты что, музей хочешь завести?
ЛЁХА.
Не музей, Полиночка, а родовое гнездо. Чтоб у нас с тобой на стенке висели собственные предки, в натуре. Хочешь — фельдмаршал, хочешь — архиерей.
АНТИКВАР.
Вот и кончилось время советское,
Вот и снова мы славим царь-батюшку,
Возрождается общество светское,
Обновляется старое платьишко.
Вот и бросим былую застенчивость,
Насладимся чужими объедками.
Господа, я легко обеспечу вас
Наилучшими древними предками.
Посмотрите, какие достойные рожи!
С бакенбардами будет дороже.
ЛЁХА.
Вот этого хочу.
ПОЭТ.
Тургенев, Иван Сергеевич, собственной персоной.
ЛЁХА.
А он кто?
ПОЭТ.
Великий русский писатель.
ЛЁХА.
Точно великий?
ПОЭТ.
Более чем.
ПОЛИНА.
Лёха, не позорься. Ты что, «Муму» не читал?
ЛЁХА.
Я писателей не запоминаю, только содержание.

ПОЭТ.
Тогда, может, вам по военной линии кого-нибудь? Например, вот. Высший класс: Македонский Александр Филиппович, величайший полководец.
ЛЁХА.
Да знаем, знаем.
ПОЭТ.
Причём достоверно известно, что по дороге в Индию он останавливался здесь. У нас, на Косой горе, между Чапаевкой и Первомайкой. Лично Александр Македонский, и его железные фаланги. *(Продавцу)* Верно я говорю?
ПРОДАВЕЦ.
Э-э... Давно это было.
ПОЭТ.
А открыли недавно! В нашей истории ещё так много белых пятен!
ЛЁХА.
Так он же вроде не русский?
ПОЭТ.
И что? У Пушкина прадед вообще чёрный.
ЛЁХА.
Но причём тут я?
ПОЭТ.
Похож! Одно лицо. Особенно выражение.
ЛЁХА.
Какое ещё выражение?
ПОЭТ.
Как «какое»? Победоносное!
ЛЁХА.
А? Королева! Слышала?
ПОЛИНА.
Слышала, слышала.

ЛЁХА.

И правда, на меня похож. А что? Ведь останавливался же. Вполне возможная вещь.

ПОЛИНА.

А я вот эту возьму.

ПОЭТ.

Гончарова Наталья Николаевна. Ну, зачем она вам?

ПОЛИНА.

А она кто?

ПОЭТ.

Да так. Вдова. Одного камер-юнкера. Ничего особенного. Вот! То, что нужно.

ЛЁХА.

Класс, в натуре.

ПОЭТ.

Знатная итальянка. Мона Лиза. Вполне можно гордиться.

ПОЛИНА.

Ехидная какая-то. Нет, не нравится. Наталью хочу.

ЛЁХА.

Бери Наталью.

(Свистит. Качкам)

Заверните. Обоих!

САМОГОНЩИЦА.

Нету счастья без поддачи.
Кто не верит, тот урод.
Пей, парнишка, а иначе
Ты не любишь свой народ.
Без вина как без закону
Мы и дня не проживём.

Дайте ходу самогону,
Наша слава вся на нём:
И военная победа,
И тюрьма на всю тайгу,
И великая поэма
Про Мудищева Луку!
Эх ты, Тула, Тула я, Тула родина моя!
Как пижону без гондону,
Так России без питья!
ЛЁХА.
Король всех товаров. Вечный ажиотажный спрос. А? Консультант. Обмоем предков?

(Пьют с Поэтом)

А ты тут чем промышляешь?
ПОЭТ.
Песни продаю.
ЛЁХА.
Почём?
ПОЭТ.
По договорённости.
ЛЁХА.
От чего зависит?
ПОЭТ.
Подходит ли клиенту.
ЛЁХА.
Для меня, например — найдётся?
ПОЭТ. *(Прикинул)*
Есть.
ЛЁХА.
Давай.

РАЗГОВОР С БАТЕЙ

ПОЭТ.
Расскажи ты мне, батя, по-честному,
Пока солнце твоё не зашло,
По какому закону чудесному
Ты в тайге доходил ни за что?
 Объясни мне загадку проклятую —
Ну никак не приемлет душа:
Почему эту сволочь усатую
Столько лет вы терпели, дрожа?
 Может, мы бы хоть что-нибудь поняли,
Кабы правда, по воле своей,
Вы шпионили в пользу Японии
И пытались взорвать Мавзолей.
Но ведь вы, победители Гитлера,
Патриоты, бойцы, силачи —
И под этого карлика хитрого,
Сухорукого, молью побитого,
Когда рожа, и взгляд, и весь вид его...
Ладно, батя... Молчишь — и молчи.
 И молчи, и носи, и донашивай
Груз позора и бремя стыда.
Но с меня ты уж, батя, не спрашивай
Ничего.
Никогда.

ЛЁХА.
Попал, смотри-ка. В десятку. Откуда знаешь? Моя любимая. «Ничего! Никогда!» Сильная песня. Только как же ты её продашь? Товар-то чужой.

ПОЭТ.
Чего это он чужой? Мой.
ЛЁХА.
То есть ты сочинил?
ПОЭТ.
Именно так
ЛЁХА.
Ну, консультант. Ты меня за кого держишь, фраер? Ладно там — «Муму», Александр Македонский — но здесь-то я в теме! Это же Высоцкого песня, её Володя придумал в Благовещенске на пересылке, когда сел в первый раз!
ПОЭТ.
Да не сидел он никогда! И не эту он песню придумал, а «Баньку по-белому», и не на пересылке, а на киносъёмках.
ЛЁХА. *(ПОЛИНЕ)*
Жулик твой батя, Линочка, и контингент у него — жульё сплошное. *(ПОЭТУ)* Скажи спасибо, свадьба у меня, а то бы я тебе, падла, голову за Володю оторвал. А? Что творят? Развели, блин, бардак на ровном месте. Этот мне вождей толкает за три копейки, эта мне пулю обещает в чистом поле, у этого *(о ПОЭТЕ)* вообще, ничего святого — нееет, так дело не пойдёт. Эй! Соколы! Чего стоим? Сворачивай эту лавочку отсюда к едрёне фене! Всю!

(Маски-шоу. Качки оттеснили продавцов с ПОЭТОМ в сторону и буквально свернули лавочку в рулон — и за кулисы. Крики: «Эй! Вы что? Я буду жаловаться! Полиция! Где полиция?»)

ПОЛИНА.
Ую-юй! Вот папочка разозлится!

ЛЁХА.

А он нам теперь не указ, Королева. Мы тут свою лавочку развернём. *(Уходят)*

ПОЭТ.

Какой пейзаж! Прекрасный вид:
Где стол был яств, там гроб стоит.

ПРОДАВЦЫ. *(Обступив ПОЭТА)*

— Откуда ты взялся, соловей?
— Ты что наделал, парень?
— И выступает себе, и выступает!
— Да ты хоть лицензию у Жоры брал? Здесь места денег стоят!
— К Жоре его! К Жоре!

ПОЭТ.

Проснулся утром рано и не верю глазам:
Ещё вчера за мной гонялись бесы из ЧКГБ,
Теперь акула капитала распахнула злую пасть,
Не хотите ли попасть — ааа!

ГАДАЛКА.

А вы, молодой человек, вы против частного капитала?

ПОЭТ.

По-моему, как раз наоборот...

ХОР.

К Жоре его! К Жоре!

(Уносят ПОЭТА к ЖОРЕ)

Мы были ленинцы, мы были сталинцы,
Уж как мы частника умели гнать
К едрене матери — и вот вам на тебе:
Предприниматели кругом опять!

СЦЕНА ВТОРАЯ

(В доме у ЖОРЫ)

ЖОРА. *(В мобильник)*
Да. Да. Кто разогнал?Лёха? Он что — с цепи сорвался? Так. Так. Без лицензии? Сюда его. *(МАРИИ)* Лёха наехал на наших.
МАРИЯ.
Друг называется.
ЖОРА.
Ой, ну ладно. Ты, подруга, лучше скажи, где твоя дочь? Она опять дома не ночевала.
МАРИЯ
Хоть бы позвонила, холера.
ЖОРА.
Не ночует. Не звонит. Знать нас не желает.

ДУЭТ ЖОРЫ И МАРИНЫ

ЖОРА.
Нет! Нет!
Что они творят,
Эти наши деточки, чёрт их возьми!
Жрут! Пьют!
С кем попало спят!
И когда ж они станут людьми?

МАРИЯ.
Да, ладно тебе! Ну, чего ты?
Ты тоже не ангел, поди.
Ты вспомни себя в твои юные годы,
А после уж дочку суди.
ЖОРА.
В те годы мы все
Жили как в тюрьме,
Но зато теперь-то времена не те,
Теперь-то мы все —
По уши в дерьме,
Лишь бы только дети наши жили в чистоте!
Я не хочу, чтоб
Наша дочь была
Вылитая мама, а тем более отец.
А я хочу, чтоб
Наша дочь была
Королева мира!
Моё дело — снять дворец.
МАРИЯ.
И как-нибудь в вечер погожий
Мы в гости заявимся к ней,
И пустит она нас не дальше прихожей
А дальше прогонит взашей.
ЖОРА.
А ты что хотела бы, тютя? —
«Ах, здрасьте, отец мой и мать»?
Царица на то и царица,
Чтоб подданных в шею гонять.
Но пока её саму гонять надо. Где? Где она?

(Вваливается толпа торговцев, швыряют перед ЖОРОЙ ПОЭТА)

Это не она. *(Общий галдёж)* Кто-нибудь один.
ГАДАЛКА.
Этот фраер работал на нашей территории без лицензии. Приехал Лёша Ствол, интеллигентный человек, с очередной своей тёлкой, что-то купить, где-то погулять. Этот ему нахамил, и Лёша свернул нашу лавочку. Всю...
ЖОРА.
Так. Интересно. *(ПОЭТУ)* Ну и чем же это вы, молодой человек, расстроили моего старого друга?
ПОЭТ.
Ваш друг плохо знает русскую литературу!
ЖОРА.
А думает, что хорошо. Это на него похоже. И вы ему поставили двойку?
ПОЭТ.
А больше он не заслуживает.
ЖОРА.
Согласен. В школе он дальше азбуки не пошёл. А мы должны терпеть убытки из-за его невежества. Ну и как же будем возмещать ущерб?
ПОЭТ.
А сколько на счётчике?
ЖОРА.
Тыщ 50, а с моральным ущербом и все 100.
ПОЭТ.
Учимся у Америки. Успешно учимся. В моём банке, сэр, все мои счета заморожены швейцарской прокуратурой. Так заморожены — паяльник не берёт. Так что — только честным трудом готов искупить.
ЖОРА.
Что ты можешь?

ПОЭТ.
Хотел выступать с песнями — полный провал. Остаётся — бить на жалость.
ЖОРА.
И что же ты предлагаешь?
ПОЭТ.
А у вас уже всё расписано? Ну, например... герой Бородина. «Наверх вы, товарищи, все по местам!»
ЖОРА.
Ой, ну ладно. *(Ветерану)* Покажи ему.

(ВЕТЕРАН на глазах превращается в жуткого инвалида с кучей орденов)

ПОЭТ.
Стоп. Спасибо. Это скорее Цусима. Я пас. Ну, что ж ещё... Жертва политических репрессий.
ЖОРА.
Пустой номер. Ни копеечки не снимешь. Публика забыла, что это такое.
ПОЭТ.
Где-то это и неплохо, а?
ЖОРА.
А где-то и глупо. Ещё варианты?
ПОЭТ.
Жертва дефолта.
ЖОРА. *(КНИЖНИКУ)*
Князь, изобрази.

(Тот раздевается догола)

ПОЭТ.
Да. Это зрелище потрясает. Президент видел?

ЖОРА.
Рыдал как дитя.
ПОЭТ.
Они там все — большие дети... У вас универсальный прейскурант, сэр. Разве что вот. Жертва остаточного принципа.
ЖОРА.
Чего?
ПОЭТ.
Того, что бюджет оставляет на культуру.
ЖОРА.
Вот этого нет.
ПОЭТ.
Ага. Значит, будет...

ПОДАЙТЕ ПОЭТУ

ПОЭТ.
Господа, я не ел три дня,
Я неделю не умывался.
Но прошу не подачку я,
Господа — я прошу аванса.
Перед вами во всей красе
Мои грамоты и заслуги,
Мои книги читали все,
Мои песни пели ашуги.
Да, теперь непрактичных нет.
Много ль проку в духовной пище?
Вот и клянчит нищий поэт

Три копейки — у вас, у нищих!
Я потом отработаю вам!
Есть ещё и талант и сила!
Я такие шедевры создам,
Если скинетесь мне на чернила!
Ну, подайте Шекспиру на «Гамлета»!
Ну, подайте же Гёте на «Фауста»!
Все, кому ещё памятна грамота —
Ну, пожалуйста! Ну, пожалуйста!
На сюитку Сергею Прокофьеву!
На рисуночек Клоду Моне!
И на каплю бразильского кофею
Три копеечки — лично мне!
ЖОРА.
Чёрт, аж я прослезился. Сильно забираешь, блин. Пока обожди меня на кухне.

(ПОЭТ вышел)

Остальных попрошу в отпуск. Без содержания. Ничего. Скоро выборы, на повестке дня — Стулин, Виктор Ильич. Слуга народа, нуждается в поддержке, и мы её окажем. Не бесплатно, само собой... Свободны!

(ПРОДАВЦЫ разошлись)

Ну, Лёха...

(Те же и ПОЛИНА)

Где ты шлялась?

МАРИЯ.
Почему не позвонила?
ПОЛИНА.
Я выхожу замуж.
ЖОРА.
Спасибо. Спасибо, что хоть поставила в известность. Скоро ли свадьба?
ПОЛИНА.
Сегодня вечером.
ЖОРА.
Ты нас информируешь или приглашаешь?
ПОЛИНА.
Он тебе не понравится...
МАРИЯ.
Да ты хотя бы скажи, кто...
ПОЛИНА.
Неохота вас расстраивать. Завтра и так узнаете.
МАРИЯ.
Он хоть любит тебя?
ПОЛИНА.
Он меня любит — это не то слово.
Он обожает, он боготворит.
Он только тронет — и я на всё готова.
Он только взглянет — и всё во мне горит.
Раньше я не жила, я как дура спала,
Как царевна в хрустальном гробу.
Но пришёл командир и меня разбудил,
И теперь я живу как в бреду.
О, какой это бред — ничего лучше нет.
Каждый день не похож на другой.
Пожелаю дворец — он построит дворец
В одну ночь одной левой рукой!

Он меня любит? — он меня не любит:
Он бесконечно — он до смерти влюблён!
И если погубит — чёрт с ним, пусть погубит!
Но если разлюбит... но не разлюбит он!
Мы гуляем везде, где никто и нигде,
Выбираем, что нам по душе.
Двери с тайным замком открываем пинком
И притом — на любом этаже!
Перед ним как один: дорогой! Командир!
А он только проходит смеясь.
Но не дай Бог кому прекословить ему —
Он, не глядя, размажет как грязь!

ЖОРА.
Но это же Лёха! Это же Лёха Ствол! Мать! Она выходит за Лёху Ствола! Наша дочь — за первого бандита в округе! За любимца всех валютных блядей нашей родины! Многострадальной! И она ещё гордится этим! Вот, значит, с какой тёлкой разгонял он сегодня моих инвалидов. А ведь это на их трудовые копейки воспитывалась эта тварь в городе Лондоне! Воспитывалась-воспитывалась, воспитывалась — воспи... всё. Пошла вон.

МАРИЯ.
Жора!

ЖОРА.
Пошла вон. И не вздумай возвращаться.

(ПОЛИНА ушла)

МАРИЯ. *(Кинулась вслед)*
Дочка! Подожди...

ЖОРА.
Назад!!!

(МАРИЯ затихла)

Ну, Лёха... Ну, Лёха...
Промахнулся ты малёхо.
Так что дело твоё плохо. Очень плохо.
Эй! поэт!

(Вошёл ПОЭТ)

У тебя дети есть?
ПОЭТ.
Не думаю.
ЖОРА.
Тебе хорошо. Пошли!

ИНТЕРМЕДИЯ У ДВОРЦА

(Перед роскошным особняком ЛЁХИ в одиночном пикете мыкается ЖЕНЯ с плакатом: «ИМЕЙТЕ СОВЕСТЬ!»)

РАСПИЛ БАБЛА

ЖЕНЯ.
Кругом идёт распил бабла,
И день и ночь распил бабла,
Стирая грязный пот со лба
С утра не моясь,
Кругом бабло идёт в распил
А всё добро идёт в распыл,
Добро — идёт — в распыл,
Имейте совесть!
Включаешь телек — бла-бла-бла,
Возьмёшь газету — бла-бла-бла,
Одни слова-слова-слова,
Имейте совесть!

А наша Родина была
Делами добрыми славна
И где же те дела?
За что боролись?

(Входят ЛЁХА, ПОЛИНА, качки)

ЛЁХА. *(читает плакат)*
Так. Это намёк?
ЖЕНЯ.
Требование.
ЛЁХА.
Конкретнее.
ЖЕНЯ.
Верните дворец детям.
ЛЁХА.
Сперва этот ветеран долбаный. Потом этот консультант грёбаный. Теперь эта — сколько можно? Называется — счастливый день. Заверните.

(Качки выхватывают плакат)

СКИПИДАР.
А барышню?
ЛЁХА.
На ваше усмотрение.

(Идёт с ПОЛИНОЙ в дом. Качки окружают ЖЕНЮ, ухмыляясь)

ПОЛИНА. *(ЛЁХЕ)* Ступай, я щас.

(ЛЁХА идёт в дом. ПОЛИНА подходит к качкам и ЖЕНЕ)

Эй! Разбежались. Подберите слюни, козлы, это моя школьная подруга. Гуляйте.

(Качки прошли в дом)

Попова, ты что, ненормальная? Это же Лёха Ствол.
ЖЕНЯ.
Я знаю.
ПОЛИНА.
Мы с ним сегодня расписались.
ЖЕНЯ.
Поздравляю.
ПОЛИНА.
Хорошее поздравление: «Отдайте дворец детям». А мы где жить будем?
ЖЕНЯ.
А вы себе новый купите.
ПОЛИНА.
Ты что, коммунистка?
ЖЕНЯ.
Нет.
ПОЛИНА.
Верующая, значит?
ЖЕНЯ.
Нет.
ПОЛИНА.
А кто же ты?
ЖЕНЯ.
Детсад № 16. Воспитательница.
ПОЛИНА.
А, ну ясно. Детский сад, самый настоящий. А вроде вместе школу кончали. Ты что, не видишь?

ЖЕНЯ.
Что я не вижу?
ПОЛИНА.
Людям разрешили частную собственность. Наконец-то. А ты уже обратно отбираешь?
ЖЕНЯ.
Да ладно тебе. Причём тут собственность, не собственность. Я говорю: отдайте детям. Всё.
ПОЛИНА.
Ладно, договорились. Отдадим. Детям. Но только собственным, а больше никаким!
ЖЕНЯ.
А другие как же?
ПОЛИНА.
А у других свои родители есть. И вот что, Попова, мой тебе совет: запишись в команду к Стулу. Через месяц выборы, он номер один, причём единственный, я тебе говорю. При твоём начальном капитале — любой дворец будет твоим.
ЖЕНЯ.
При каком капитале? Откуда он у меня?
ПОЛИНА.
От природы, подруга, от природы. Ты же в школе первая красотка была — после меня, конечно. Так что сходи в баню и посмотри в зеркало.

(Уходит)

ЖЕНЯ.
Сама иди в баню!
Кругом идёт распил бабла,
Распил бабла, распил бабла,
Распил бабла-бла-бла-бла-бла,

За что боролись?
Пока бабло идёт в распил,
Добро идёт в распыл —
Имейте совесть, господа,
Имейте совесть!

(Вынимает зеркальце, смотрится)

Мой капитал первоначальный —
Ты почему такой печальный?

(Уходит)

СЦЕНА ТРЕТЬЯ

(Дворец. Зал приёмов. ЛЁХА при параде. Входит ПОЛИНА. Она ослепительна)

ЛЁХА.
Да, старуха. Это полный абзац. Дурак твой батя. За такую царевну полцарства взять можно. А я бы и дал. Отдыхай, батя, валите с маманей на Канары до конца срока. Не рассчитал Жора. Теперь ему на эти Канары — пахать и пахать. Если, конечно, ты не вернёшься.
ПОЛИНА.
Замучаются ждать.
ЛЁХА.
Теперь твой дом здесь. Валяй, королева, привыкай.
ПОЛИНА.
Дворец, блин.

ЛЁХА.

Называется Монплезир. Восемнадцатый век. Не то Рябушинского, не то Рабиновича. В общем, каких-то князей. Советы приватизировали у буржуев, я — у Советов. Закон истории. Правда, кроме меня, ещё были охотники.

ПОЛИНА.

Где ж они теперь?

ЛЁХА.

С Господом разговаривают.

ПОЛИНА.

Что, в монастырь ушли?

ЛЁХА.

Да нет. Непосредственно.

ПОЛИНА.

Здесь, вроде, был Дворец Пионеров?

ЛЁХА.

А дворцы не для детей строили. Им эта красота на кой хрен? Они первым делом как пришли, у Аполлона пипиську отломали.

ПОЛИНА.

Пикчеры классные. Хенд сэконд?

ЛЁХА.

Какой сэконд? Ориджинал.

ПОЛИНА.

Это хоть кто рисовал-то?

ЛЁХА. (По мобиле)

Кто это?

ШЕСТЁРКА.

Анри Матисс, Алексей Иваныч, начало прошлого века, Франция, 100 тыщ.

ЛЁХА.
Ну вот. Туфту не держим. Франция, в натуре. А вот там, королева, — Италия. Там такая Италия, мадам — замрёте, утонете и всплывать не захочется. Джакузи хрен на пузе. А рядом унитаз, японский, с компьютером, всё делает сам, только кнопки нажимай. Сядете, замрёте...

ПОЛИНА.
Ой, ну ладно. Ты бы ещё трон туда поставил. Из Грановитой палаты. Слабо?

ЛЁХА.
Слушай! Вот это будет прикол. Это же в книгу Гиннеса, на раз... октяб, нояб... к Новому году — сделаю!

ПОЛИНА.
Лёша! Не мелочись. Подумаешь, Грановитая палата. Ты давай сразу — приватизируй Кремль. Чтоб уж царица так царица.

ЛЁХА.
А я подумаю, Линок. Я подумаю. Сейчас — всё возможно.

ПОЛИНА.
Книги — это хорошо. А то уж читать разучились. С утра до вечера компьютер — за уши не отдерёшь.

ЛЁХА.
Ну, что ты. Вот Маринина, вся. Акунин. Как он тебе?

ПОЛИНА.
Ничё. Читать можно. Стилист хороший.

ЛЁХА.
А я Чейза обожаю. Я люблю экшен. А Чейз — это экшен, в натуре. Ну, тут Пушкин, Лермонтов, басни Крылова, как положено. Для нашего бэби. Как ты насчёт бэби? Заведём?

ПОЛИНА.
Заведём, заведём.
ЛЁХА.
Ну, давай заведём.
ПОЛИНА.
Давай.
ЛЁХА.
Я говорю: прямо сейчас заведём. А? пошли?
ПОЛИНА.
Пошли!

(Но тут грянула музыка, и вошли братки)

БРАТКИ НА СВАДЬБЕ

ХОР.
Ой, что это за шум на коридоре?
Мы видим то, чего не может быть.
Наш друг — такое горе! — под влияньем алкоголя
Решил жениться и на всё забить.
Ну что ж, понятно: мы уже не дети,
Нам надо делать собственных детей.
А при такой Бабетте забудешь всё на свете,
Кого угодно — только не друзей!
 Откройте пробочки, налейте водочки
Во все стаканы дополна,
Поднимем чарочку за нашу парочку,
Чтоб жизнь их полная была!
Чтоб в наши стрёмные денёчки тёмные
И по утрам и по ночам,
Кишка не ёкнула, рука не дрогнула,
И верный ствол не подкачал!
(Пиф! Паф! Трах!)

Не подкачал!

1-ый БРАТОК. Алексей Иваныч, Полина Георгиевна, просим принять от коллектива. Так сказать, плодитесь и размножайтесь.

(Появляется огромная кровать)

Индия. Высший класс. Камасутра. По-нашему значит — сексодром. Шереметьево-3, то взлёт, то посадка. Ортопедический с подогревом.

ЛЁХА.
Музейная вещь. Серьёзные бабки. Интересно, откуда.

1-ый БРАТОК.
А, тут один. Гастролёр с Нахичевани.

ЛЁХА.
Пришлось уговаривать?

1-ый БРАТОК.
Погладили малость.

ПОЛИНА.
Чем гладили?

1-ый БРАТОК.
Утюгом, чем.

ПОЛИНА.
Чугунным?

1-ый БРАТОК.
Зачем? Электрическим. Мы ж не звери.

ПОЛИНА.
Тебя как зовут?

1-ый БРАТОК.
Скипидар... то есть, это, Шурик. Александр Анатольевич.

ПОЛИНА.
Спасибо, Шура. И тебе и всему коллективу. Мебель, конечно, ответственная. Но доверие оправдаем. За вас!

ХОР.
Откроем пробочки да выпьем водочки
За чёрный нал и вострый нож,
А в наши стрёмные денёчки тёмные
Не согрешишь — не проживёшь!

(Те же и 2-ой БРАТОК)

2-ой БРАТОК.
Туши свет, братва! Архиерея заказывали? Принимайте.

(Те же и ПОП)

ПОП.
Отче наш иже еси на небесех. Ты помилуй нас всех и прости Ты нас всех, если это конечно, возможно. Отче наш, Всемогущий, Всеведущий, не остави нас в жизни текущей и следующей, если это, конечно возможно. Ибо видишь, живём мы паки и паки, темно и ничтожно, грешно и безбожно, как злые собаки. *(ХОР: Аминь...)*
Ибо видишь, дошла до народа такая свобода, что всё погрузилось в пучину разброда, и всё стало можно и перестало быть стыдно. Обидно. *(ХОР: Аминь...)*
И пастыри Божии идут к бандитам не с упрёком сердитым, не с крепкой уздою, а смиренно за щедрою мздою и свои оскверняют уста поминанием всуе Христа...

ПОЛИНА.
Что-то не нравится мне этот поп.

ЛЁХА.
Заменить недолго. А в чём дело?

ПОЛИНА.
А ты слышишь, чего он бормочет?

ЛЁХА.
В молитве не слова главное, а помыслы. *(ПОПУ)*. Погромче можно?

ПОП. *(Громко)*
Благослови же, о Господи, пару сию, ниспошли им, о Господи, милость свою, отпусти им грехи, которые есть и которые будут, а они уж Тебя не забудут вкупе со мною — а пока объявляю вас мужем и женою *(ХОР: Аминь...)*

ХОР БАНДИТОВ.
Отче наш иже еси, помилуй спаси и к Себе вознеси, буде все мы когда-то преставимся, а уж мы-то в долгу не останемся.

ЛЁХА. *(Щедро жертвует)*
В долгу не останемся!
И на храм на крови этой самой... ну как её... великомученицы! И на училище, на балетное, нехай наши девочки учатся — танцам и прочим нюанцам!
И на местный музей с подобающей нашей историей!
И на этот вот самый спектакль со всею его парфюмерией, костюмерией и бутафорией: включая буфет!
Уважаю культурных людей, а они меня — нет! А я их — да! Всегда! Ничего, всё нормально, играйте себе, господа!
Мы — воры, мы — отпетые, мы — нахалюги. Но артисты для нас — это всё, это первые люди.
Ибо, глядя на них, всегда вспоминаешь, что здесь *(На сердце)* что-то есть.
Маэстро! Урежьте марш! Марш, тебе говорят, ты! Тосканини! Не видишь? ПОЛКАН прибыл.

(Звучит марш. Те же и ПОЛКАН)

ЛЁХА.
А Стул? Он что — не придёт? Я думал, вы вместе.
ПОЛИНА.
Стул не придёт?
ЛЁХА.
Скоро выборы — страшное дело. А господин Стулин — кандидат номер Один. Ему не до школьных товарищей.
ПОЛИНА.
Это плохо.
ЛЁХА.
А главное — ошибочно. Может сказаться на избирательной кампании
ПОЛКАН.
Политика, Лёха, есть политика. А для политика, Лёха, главный принцип — равноудалённость, иначе электорат его не поймёт. Это у меня — равноприближённость, не из принципа, а просто по работе. Милиция должна контачить со всеми, тогда она владеет обстановкой. Я — владею обстановкой. Но к тебе я пришёл как к другу. И по школе, и по Афгану. Огонь Афгана нас спаял, девочка, и этот сплав не разорвёт никакая сила, и нет ничего надёжнее его!

АФГАНСКАЯ ПЕСНЯ

ПОЛКАН* и *ЛЁХА.
Нас послали в ловушку — подальше от базы,
Ниоткуда подмоги нам не было ждать.
Но приказы, ребята, на то и приказы,
Чтоб сначала исполнить, а потом обсуждать.

Огонь Афгана навек оставил
На наших душах свой страшный след.
Огонь Афгана нас жёг и плавил.
И крепче сплава на свете нет!

Смерть была перед нами — смерть была за спиною,
И за каждой стеною с автоматом ждала.
Ни единой минуты мы не знали покоя
И в ответ всё живое мы сжигали дотла!

Огонь Афгана навек оставил
На наших душах свой страшный след.
Огонь Афгана нас жёг и плавил.
И крепче сплава на свете нет!

Нам плели небылицы про защиту границы,
И про дружбу народов не жалели вранья.
Но для нас-то, ребята, лишь одно было свято:
Жизнь родного отряда — и конечно своя!

Огонь Афгана навек оставил
На наших душах свой страшный след.
Огонь Афгана нас жёг и плавил.
И крепче сплава на свете нет!

ЛЁХА.

За тех, кто не вернулся.

(Пьют)

ПОЛКАН.

А что Жора?

ЛЁХА.

А что Жора?

ПОЛКАН.

Ты ему бизнес поломал.

ЛЁХА.

Давно пора. У нас экономика какая — рыночная? Вот! А у него — базарная. Надувательство сплошное. Никакой модернизации, блин.

ПОЛКАН.

А что дочка?

ЛЁХА.

А он её выгнал! Мне, говорит, не нужен в доме зять-бандит. Козёл... Бандит — это бандит. А я — авторитет. Разница!

ПОЛКАН.

Ну, смотри. Меня, похоже, переводят в Москву, а на моё место — Жору.

ЛЁХА.

Хм... Неслабо.

ПОЛКАН.

Так что мой тебе свадебный подарок по старой дружбе *(Подаёт стопку папок)*. Прямо из архива. Здесь вся твоя команда вместе с командиром и со всеми подвигами.

ЛЁХА.

Ну, Рудик... прямо не знаю. Не зря мы с тобой Афган

прошли, не зря. *(Обнял)* А на Жору у тебя папочки случайно не имеется?
ПОЛКАН.
Скоро выборы, Лёха. Стулу тоже надо что-то подарить.
ЛЁХА.
Ну-ну. Так в чём же дело? Почему тишина? Первая красавица страны, можно сказать Мисс Вселенная, выходит замуж за Лёху Ствола — это как? Это звучит — горько!
ВСЕ.
Горько!
(Молодые целуются)

ОЙ, ВЫ ДЕНЬГИ!

ЛЁХА.
Не будем притворяться,
И скромничать не будем.
Давайте выпьем, братцы,
 За то, что все мы любим:
За двигатель прогресса,
За смысл наших дел,
За каждого процесса
Начало и предел!
ХОР.
Ой, вы деньги-деньги-денежки,
Деньги черный нал!
Никуда от вас не денешься,
Чёрт бы вас побрал!

Ходишь весь такой добычливый
При большой деньге,

Но как только вдруг приспичило,
Так их нет нигде!

Деньги — слава, деньги — почести,
Деньги — пуля в лоб.
Деньги — место в высшем обществе
Полосатых роб!

Деньги — слёзы, деньги — праздники,
Деньги — быть войне,
При деньгах мы — безобразники,
А без них вдвойне.
Деньги — троны, деньги мантии
И всему венец,
И победа демократии
И её п……!

Деньги добрые и злобные,
Неприятные,
Деньги — франки, фунты, злотые
Распроклятые!
Деньги всё на свете слопали!
И только крякнули,
И не пикнули,
И не вякнули,
И не охнули,
А только крякнули, а только ой-люли,
А только ай-люли,
А только гули-гули-гули
Баю-бай!..

(ГОСТИ удалились, оставив молодожёнов наедине с брачным ложем)

СЦЕНА ЧЕТВЁРТАЯ

У СТУЛА

(У себя в офисе СТУЛИН сидит над бумагами)

СТУЛ.
Так. Этому даём премию. Тогда этот пишет в Москву. Не годится. Значит, этому орден за выслугу, Андрея Великомученика 3 степени — тогда этот идёт к Лёхе и заказывает либо того, либо меня. Но тут я этому даю почётного гражданина, и всё в шоколаде. Да? Но тогда эта сука пишет в Москву!

(Входят ЖОРА и ПОЭТ)

ЖОРА.
Величайшему из почтеннейших наше всеподданнейшее...
СТУЛ.
Ладно, ладно. Артист. Не умеешь — не выступай.
ЖОРА.
Кто не умеет? Я? А наши капустники? А лучший Чацкий на школьной сцене? А главный Дон Жуан в институте? «Вы, жалкою толпой стоящие у трона!..»
 СТУЛ.
Жора, стоп. Всё равно дальше не помнишь, лучше познакомь с человеком.

ЖОРА.
Это, представь себе — ПОЭТ.
СТУЛ.
Да? хм. Выхожу один я на дорогу...
ПОЭТ.
В старомодном ветхом шушуне.
СТУЛ.
Ночь тиха, пустыня внемлет Богу...
ПОЭТ.
Жизнь моя! Иль ты приснилась мне?
СТУЛ.
Выходила на берег Катюша...
ПОЭТ.
Чтоб дыша вздымалась тихо грудь.
СТУЛ.
Расстегнула юбочку из плюша...
ПОЭТ.
И не жаль ей прошлого ничуть.
СТУЛ.
Класс. Действительно поэт. Ну и на кой он нам?
ЖОРА. *(Загибает пальцы)*
Агитация. Пропаганда. Кричалки. Флешмобы. Слоганы. Полный пиар!
Мама! Я Стулина люблю!
Мама! За Стулина пойду!
 С ним народу будет клёво,
Я ему на всё готова —
Мама! Голосуйте за него!
(К ПОЭТУ) А?
ПОЭТ.
Нет, я не потяну.
ЖОРА.
А тогда какой ты на хрен поэт после этого?

ПОЭТ.
Вам шестёрки нужны, а не поэты.
ЖОРА.
А по-твоему, поэты вообще не шестерят?
ПОЭТ.
Только при большой нужде.
ЖОРА.
А это как раз твой случай. За тобой сто тыщ, ты что забыл?
А тут такая шикарная возможность подхалтурить.
СТУЛ.
Не-не-не, какая халтура? Причём халтура? Мне нужно качество. Чтоб избиратель и не хотел бы, а запомнил. Нам не надо никого, кроме Вити одного, то есть меня.
ПОЭТ. Ну и за чем же дело стало? Такое качество у вас прямо под ногами, только наклониться. Точнее, только букву переменить. Одну. *(Поёт)*
Стулин — наша слава боевая,
Стулин — наша юность и полёт,
С песнями, борясь и побеждая,
Наш народ за Стулиным идёт!
(С ЖОРОЙ)
За Родину! За Стулина!
За нашего великого!
Лишь за него! За одного!
Не надо больше ни-ко-го!
ЖОРА.
«Нас вырастил Стулин на верность народу» — гениально!
СТУЛ.
«Гениально...» *(С акцентом)* Но вы, генацвале, сначала всё-таки подумайте, это не вредно. К чему приведут подобные песенки?

ЖОРА.
Ну, я не знаю...
СТУЛ.
А я скажу. После подобных песенок завтра же на всех моих портретах мне пририсуют усы. А потом будут тыкать пальцем: разве это вождь? Это карикатура, а не вождь. И мой рейтинг упадёт от плюс 60 до минус 70. Ты этого хочешь?
ЖОРА.
Как ты всё поворачиваешь...
СТУЛ.
Это не я, Жора, это жизнь. *(К ПОЭТУ)* А между тем мне действительно нужна фишка. Сильная фишка! Чтоб вверху одобрили, внизу подхватили, а сбоку сдохли от зависти. Сделаешь? И отпустятся тебе долги твои...
ЖОРА.
Аминь. У тебя есть сутки, время пошло.
ПОЭТ *(рэп)*
У меня есть сутки, время пошло.
Кому-то это шутки, а мне не смешно.
И что же мне делать на этом балу?
Свободная муза попала в кабалу.

(Уходя, поёт)

Мы никому ни пяди не уступим,
Гремя огнём, мы двинемся вперёд,
Когда нас в бой пошлёт товарищ Стулин
И тот же Стулин в бой нас поведёт!

(Уходит)

СТУЛ.
Чистый Пушкин. Так бы и застрелил.
ЖОРА.
Нет, Витя, это не мишень. Есть другие кандидаты.
СТУЛ.
Интересно послушать.
ЖОРА.
Что-то мне надоел наш общий друг.
СТУЛ.
Подробнее.
ЖОРА.
Он наехал на мою территорию.
СТУЛ.
Полкана берут в Москву, ты на его место, и Лёха твой, с процентами.
ЖОРА.
На Лёхе одних особо тяжких штук сто, жмуриков замучаешься считать, кого не убил, того изнасиловал — оно тебе надо?
СТУЛ.
Причём тут я?
ЖОРА.
А притом. Ты идёшь на выборы и не желаешь бороться с криминалом? Все борются с криминалом, а мы должны терпеть? Москва нам не простит.
СТУЛ.
Где-то ты прав.
ЖОРА. Где-то! Лёха Ствол — всё равно что Мекки Нож, пройденный этап, отыгранная карта.
(рэп)
Уже прошла, давно прошла, как пуля пролетела
Дурацкая пора сплошного беспредела,

Страна прощается с кровавым криминалом
И платит карточками, а не чёрным налом!
Зачем народ пугать и грабить на дороге,
Когда на это есть культурные налоги?
Зачем мочить людей, пятнать себя позором,
Когда в твоей руке закон с судьёй и прокурором?
И весь эфир? И вся печать?
И ноль желающих права свои качать!
Вот он и есть — мишень. Ты — СТУЛ. Зачем тебе Ствол? Москве не понравится ваша дружба. Звони.

СТУЛ.

У них с ПОЛКАНом афганское братство.

ЖОРА.

А при чём здесь братство? Бизнес. Ничего личного.

СТУЛ.

Ничего личного? А твоя дочь?

ЖОРА.

А дочь моя будет молодая, красивая и очень богатая вдова. Ненадолго. Так ты позвонишь?

СТУЛ.

Я подумаю.

ЖОРА.

Ну, тогда я спокоен.

(Уходит)

СТУЛ.

ПОЛКАН убирает Лёху. Полина сдаёт банду и забирает общак. ПОЛКАН идёт на повышение. В Москву. Жора делает выборы и идёт на место ПОЛКАНа. А молодая красивая вдова? Хм. (Набирает номер телефона) ПОЛКАН? Это я.

Я ЛЮБЛЮ ТЕБЯ

ДУЭТ ЛЁХИ И ПОЛИНЫ.
— А я думал целый день:
Да когда же он пройдёт,
Когда только двое нас,
 Во всём мире будет...
— А я думала весь день:
Вот, идут кому не лень,
 Сколько можно с ними пить,
 Он меня не любит!
— А я думал: пусть идут,
День промчится в пять минут,
И настанет эта ночь
Без конца и края...
ОБА.
— Вот и кончен этот бал,
Вот и вечер миновал,
И остались мы одни.
И не надо рая!
ОБА.
И не надо никого,
И не надо ничего,
Кроме только твоего
Шёпота и смеха...
Вот и будем мы с тобой
Как двойное эхо!...
Я люблю тебя...
Я люблю тебя...
Я люблю тебя!..

(Телефонный звонок)

ЛЁХА.
ПОЛКАН, ты? С ума сошёл? Куда выйти? На балкон, среди ночи? Сюрприз? Прикалываешься, да? Ну, ты хохмач! Ну, всё, всё, иду... *(Поёт)* Огонь Афгана нас жёг и плавил, и крепче сплава на свете нет...

(Выстрел)

КОНЕЦ ПЕРВОГО АКТА

АКТ ВТОРОЙ

СЦЕНА ПЕРВАЯ

(Вновь у Лёхиного дворца стоит ЖЕНЯ с плакатом «Имейте совесть»)

ЖЕНЯ.
Кругом идёт распил бабла,
Распил бабла, распил бабла,
И день и ночь распил бабла —
Имейте совесть!
И как бабло идёт в распил
Так всё добро идёт в распыл,
За что боролись, господа?
За что боролись?

(Её слушает ПОЭТ)

ПОЭТ.
Как-то это всё неконкретно. У тебя есть какая-нибудь реальная цель?
ЖЕНЯ.
Пусть вернут дворец детям!
ПОЭТ.
Ну... это другое дело!
Любая мать, любой отец,
Имейте совесть, наконец:
Верните детям их дворец,

Имейте совесть!
Им надо время проводить,
Играть учиться и дружить,
Иначе так и будут жить
В говне по пояс!
ВДВОЁМ.
Имейте совесть! Имейте совесть!
ПОЭТ.
Ну как?
ЖЕНЯ.
Здорово!
ПОЭТ.
Ну — и?
ЖЕНЯ.
Что «ну-и»?
ПОЭТ.
Кто тебя услышал?
ЖЕНЯ.
Тот, кто слушал.
ПОЭТ.
И что он подумал?
ЖЕНЯ.
Что дура ненормальная, что кому это нужно — не нужно никому.
ПОЭТ.
А тогда зачем?
ЖЕНЯ.
А затем, что дура ненормальная.
ПОЭТ.
А конкретнее?
ЖЕНЯ.
Попова Евгения, детсад номер 16, воспитательница.

ПОЭТ.
Воспитанница ты, а не воспитательница. Вот объясни: дворец я вижу. А где ты видишь пионеров?
ЖЕНЯ.
Причём тут пионеры? В городе 117 бездомных, 120 бесприютных, 140 частично заброшенных детей, из них пятеро абсолютно беспомощных.
ПОЭТ.
Суровая статистика. Хотя кого сейчас волнуют цифры? Только если речь идёт о ценах на пармезан. Хм. Ты врать умеешь? *(Пауза)* Но два слова произнести, убеждённо, ты в состоянии?
ЖЕНЯ.
Какие два слова?
ПОЭТ.
«Это правда».
ЖЕНЯ.
Ну... это правда.
ПОЭТ.
Не слышу убеждённости. Дважды два — четыре?
ЖЕНЯ.
Это правда.
ПОЭТ.
Волга в Каспийское море впадает?
ЖЕНЯ.
Это правда!
ПОЭТ.
Я — талантливый поэт?
ЖЕНЯ. *(Весело)*
Это правда.
ПОЭТ.
Обаятельный, красивый, способен на подвиг?

ЖЕНЯ.
Правда, правда!
ПОЭТ.
А говоришь, врать не умеешь. Пошли!

СЦЕНА ВТОРАЯ

У ЛЁХИ

(Банда в сборе — по случаю 9-го дня со дня Лёхиной гибели)

ХОР.
Ты не вейся, чёрный ворон,
По-хорошему отзынь.
Всё мы помним,
Все там будем,
Спаси Господи — аминь.
СКИПИДАР.
Девятый день как нету нашего Лёхи,
А мы тут сидим, как последние лохи,
Разводим базар,
И даже не знаем, кто его заказал.
ГОЛОСА.
— Знаем-знаем.
— Тут и знать нечего...
СКИПИДАР.
Знаем, говоришь?
Тогда скажи мне, рожа обезьянья,
Много ли толку от нашего знанья?
И почему же этот самый заказчик
До сих пор не сыграл в подходящий ящик?

Не отдал концы? Не отбросил сандалии?
Не откинул копыта? Ну и так далее.
А всё почему? Командира нету.
А вдова молчит. Зачем ей всё это?
У неё вон теперь и дворец, и гараж,
А в сейфе — общак. Между прочим — наш.
Отсюда вопрос: после Лёхиной гибели
Кому же достались наилучшие прибыли?
И вот я подумал...

ПОЛИНА.
Долго думал?

СКИПИДАР.
Не понял.

ПОЛИНА.
Штырь, Александр Анатольевич, по кличке СКИПИДАР. Два срока, один пожизненный.

СКИПИДАР.
И что?

ПОЛИНА.
А на левой груди профиль Сталина, а на правой Ваенга анфас.

ГАНДОН.
Мадам, к чему эти подробности? Мы не в суде.

ПОЛИНА.
Акопян Антон, по прозвищу Гандон, 3 судимости, два года в розыске, а на правой груди Микоян, а пониже пупка...

ГАНДОН.
Всё! Всё! Дальше я сам знаю.

ПОЛИНА.
А дальше запомните: каждый из вас, сколько есть, целиком у меня под замком вместе с вашим обща-

ком, и все мы, как прежде, одна семья, и Лёхино дело продолжать буду я...
СКИПИДАР.
Ты! Сука позорная! Ладно, кто Лёху кончил — это я знаю, этот от меня не уйдёт, а вот кто его попросил, ты, случаем, не подскажешь?
ПОЛИНА.
Скипидар! Говоря по-вашему — то есть по-нашему — за базар надо отвечать.
СКИПИДАР.
А разве я ещё не ответил? Тогда я добавлю

(Лезет за пистолетом — но тут ПОЛИНА его опережает: ба-бах! И СКИПИДАР падает замертво)

ПОЛИНА.
Есть возражения?

(Народ безмолвствует)

А тогда стоим и внимательно слушаем.
Уже давно прошла, как пуля пролетела,
Пора дурацкого сплошного беспредела.
Зачем людей мочить и грабить на дороге,
Когда для этого есть штрафы и налоги?
Зачем держать начальников за сволочь,
Когда и нам, и им нужна взаимопомощь?
Граждане бандиты! Пора переодеваться. Как говорил мистер Бендер: переквалифицируйся в управдомы — и станешь граф Монтекристо. А кто заказал Лёху моего — с теми я сама поговорю.

СЦЕНА ТРЕТЬЯ

У СТУЛА

СТУЛ. *(В телефон)*
ПОЛКАН? Это я. Скоро выборы, приезжай поздравить. Да нет, всё под контролем. Правда, не хватает хорошей фишки для пиара. Интеллигенцию? Подключил, а как же. Им тоже кушать надо, куда они денутся. Вот жду с минуты на минуту. Давай. Бай.

(Положил трубку. Звонок. Поднял)

Пропустите.

(Вошли ПОЭТ и ЖЕНЯ)

Аа... *(Вопросительно смотрит на ЖЕНЮ)*
ПОЭТ.
Это общественность.
СТУЛ.
Общественность наша, прямо скажем, хороша. Итак? Есть подвижки?
ПОЭТ.
Имеем наработки.
СТУЛ.
Я весь внимание.
ПОЭТ.
Зарплата учителей, а также здравоохранение...

СТУЛ. *(Подхватывает)*
...а также индексация пенсий, проблемма ЖеКаХа, финансирование инвестиций, экологическая катастрофа...

ПОЭТ. *(Остановил жестом)*
Я не договорил... Зарплата учителей и здравоохранение — могут подождать. А вот историческое наше прошлое ждать не может. *(ЖЕНЕ)* Верно говорю?

ЖЕНЯ.
Это правда.

СТУЛ.
Так-так-так. Неужели накопал что-нибудь такое-этакое? Наше, родное, древнерусское?

ПОЭТ.
Скорей древнегреческое.

СТУЛ.
Ладно.

ПОЭТ.
Район между Чапаевкой и Первомайкой знаете?

СТУЛ.
Ну?

ПОЭТ.
Там была стоянка Македонского, Александра Филипыча, по дороге в Индию, во втором веке до нашей эры, куда он давно собирался.

ЖЕНЯ.
Это правда. Собирался.

СТУЛ.
Допустим. У нас и Наполеон останавливался, и что?

ПОЭТ.
Наш-то Македонский, Александр Филипыч, происходит из племени этрусков. А кто такие эт-руски?

СТУЛ.
То есть...
ПОЭТ.
Эт-руски — слышите? Это означает: ЭТ-нические РУС-ские, так что наш Александр Маке-Донский почти одно и то же, что Дмитрий ДОНской, то есть земляк.
СТУЛ.
Да, но...
ПОЭТ.
А на всякие факты, Виктор Ильич, есть свои арте-факты. Поднимите архивы, почитайте Фоменко, Проханова, Задорнова в конце концов.
СТУЛ.
Да-а... это фишка! Это ха-рошая фишка! У Питера — Пётр, император. У Москвы — Владимир, великий князь. А у нас — Македонский, Александр Фили-пыч, тоже своя небольшая национальная гордость. Эх! Вот хорошо бы он нас ещё и основал! Но ведь тут каждая собака знает, что основал нас Лаврентий Палыч в 1937 году... Может, у него какая-нибудь традиция была, а? Чтоб нам её подхватить?
ПОЭТ.
Вот! В самую точку. Была у него традиция, была, ибо, как все этруски, был он очень чадолюбив.
СТУЛ.
Говори проще.
ПОЭТ.
Проще говоря, любил детей. И повсюду насаждал детские приюты. Бывало, как завоюет провинцию, так тут же и учредит детский приют. Он же великий полководец! От них же всегда столько бесприютных сирот!

СТУЛ.

Да, но у нас-то они откуда?

ПОЭТ.

Климатические условия. Демографический взрыв. Враждебное окружение, само собой.

СТУЛ.

Это правда. А? Детский приют имени Македонского Александра Филипыча — это звучит! Москва, думаю, поддержит. А уж соседи обзавидуются! Окей. К выборам подберите мне сироток — с десяток, не больше, ангелочков таких, кучерявых, и чтоб не особо голодных.

ЖЕНЯ.

А помещение?

СТУЛ.

Так ведь вон оно: бывший Дворец пионеров, как раз по нашей теме.

ЖЕНЯ.

Это правда!

СТУЛ.

А до выборов там будет мой избирательный штаб. А в день выборов лично объявлю открытие этой богадельни, разрезаем ленточку, и завозим первый контингент.

ПОЭТ.

Виктор Ильич, а что если — ну, вдруг — выберут не вас?

СТУЛ.

Неужели сомневаешься? При нашем опыте, при нашем понимании надежд и чаяний, да ещё и под знаменем Александра Македонского, великого нашего земляка — кстати: во дворце его портрет. Между прочим, вылитый бандит. Я имею в виду: Лёха Ствол, царство небесное.

ПОЭТ.
Что лишний раз и подтверждает.
СТУЛ.
А ведь в детстве нас с Лёхой часто путали... ну, всё. Всё! Давайте, готовьте ваших сироток, работаем, на месте не стоим. *(Поёт)*
Чем смелее идём к нашей цели,
Тем быстрее к победе придём!

(Выпроводил)

ЗОНГ О ЛАПШЕ

Приятно вешать на уши лапшу,
Приятно уверять, что люди братья,
Приятно братьям раскрывать объятья,
В которых может быть и задушу!

Приятно чушь торжественно толочь,
Развешивать красивые плакаты.
Когда кругом обманываться рады,
То как же людям в этом не помочь?

Приятно вешать на уши лапшу,
От совести при этом не страдая.
Держите все меня за негодяя,
Но только молча — я вас попрошу.

Не возмущайтесь пением моим.
При чём тут я, когда весь мир безумен.
И я, как этот мир, непредсказуем,
Хотя и абсолютно объясним!

Приятно вешать на уши лапшу,
Хоть сам-то я её не выношу!

(Выходя от СТУЛА, ЖЕНЯ и ПОЭТ повстречали ПОЛИНУ)

ПОЛИНА.
Попова? Молодец. Зря времени не теряешь. Наинструктировала я тебя на свою голову. Ну и?
ЖЕНЯ.
Что «ну и»?
ПОЛИНА.
Доложи о результатах.
ЖЕНЯ.
Обещал вернуть твой дворец детям.
ПОЛИНА.
Мой дворец? Каким детям?
ЖЕНЯ.
Бездомным.
ПОЛИНА.
С ума сойти! Да как же ты... Послушай, ты что, давно с ним?
ЖЕНЯ.
Что давно с ним?
ПОЛИНА.
Спишь, «что».
ЖЕНЯ.
С кем я сплю?
ПОЛИНА.
Со Стулом, с кем.
ЖЕНЯ.
Я? Сплю? Со стулом?
ПОЭТ.
Ни с какими стульями Попова спать не собирается.
ПОЛИНА.
Да неужели с тобой?

ЖЕНЯ.
А вот это уж не твоё дело.
ПОЛИНА.
Попова!.. Ладно. Всё-таки ты была в школе номер второй, то есть после меня, а не до. Так что не будем порядок нарушать.

(Пошла к СТУЛУ)

ЖЕНЯ.
Вроде всё получается здорово, складно, а я как в дерьме. Это ты затащил меня в эту клоаку!
ПОЭТ.
Я увидел отважную, бедную, изумительную собаку,
И с неслыханной силой меня потащило к тебе!
До того захотелось помочь,
Защитить, уберечь,
Пирожок из песочка испечь
Иль дворец возвести в одну ночь...
ЖЕНЯ.
Почему? Почему ради чистого доброго дела
Надо врать, приседать, извиваться, идти на поклон?
ПОЭТ.
Что поделаешь, Женечка, да, это вечная тема,
Так оно и ведётся с начала времён.
От старого до малого
Все знают это правило:
Что от любого клада
Ключи всегда у дьявола...

СЦЕНА ЧЕТВЁРТАЯ

У СТУЛА

СТУЛ.
У Елисеева отзываем лицензию — тогда Морозов закрывает лавочку и идёт ва-банк. Подключаем Борисова, отключаем Мусатова, да, но что делать с Жорой? Жора... Вот он где у меня сидит.

(Входит ПОЛИНА)

ПОЛИНА.
Здравствуйте, дядя Витя.
СТУЛ. *(Обнимает)*
Здравствуй, красавица. Ну? Что ты, как? Как мама? Давай, бери себя в руки, не раскисай. Ты теперь богатая наследница. Лёши нет, зато орлы его остались, могут заклевать...
ПОЛИНА.
Не заклюют, дядя Витя. Лёшины орлы — теперь мои соколы. Городская служба всеобщей охраны.
СТУЛ.
Круто. Молодец, это по-нашему. Значит, будешь с родным отцом воевать?
ПОЛИНА.
Только в пределах закона, дядя Витя, только в пределах закона.

СТУЛ.
А как же. У нас в пределах закона можно всё. Вот как выборы пройдут — кстати, Лёха твой, царство небесное, обещал с поддержкой...
ПОЛИНА.
Да я бы со всей душой, дядя Витя, но ведь вы меня из дома выгоняете.
СТУЛ.
А из этого вытекает...
ПОЛИНА.
Что я тоже бездомная сиротка!
СТУЛ.
Откуда следует...
ПОЛИНА.
Что мне тоже нужен приют!
СТУЛ.
А это означает...
ПОЛИНА.
Что это означает?
СТУЛ.
Что ты этот приют и возглавишь.
ПОЛИНА.
Вот ничего себе!
СТУЛ.
Золотое дно, Полиночка, важнейшая статья экспорта. Восток от нас хочет танки, а запад — исключительно бесприютных сироток. Причём за хорошие бабки. Австралия, Зеландия, Гренландия...

(Соблазняет)

ПОЛИНА.
Ой, дядя Витя...

СТУЛ.
А пока ты вернёшься к себе во дворец
И устроишь там мой избирательный штаб...
ПОЛИНА.
Хорошо-хорошо... хорошо...
СТУЛ.
И своих молодцов во все стороны ты
Разошли по участкам туда и сюда...
ПОЛИНА.
Хорошо- хорошо... хорошо...
СТУЛ.
И портрет Македонского ты не забудь,
Потому что он очень похож — на кого?
На кого он похож? На кого он похож?
ПОЛИНА.
А кто моего Лёшу заказал, дядя Вить?
СТУЛ.
А тебе зачем?
ПОЛИНА.
Убью.
СТУЛ.
Сама думаешь на кого?
ПОЛИНА.
Скипидар говорил, что дядя ПОЛКАН, Гандон думает, что вы.
СТУЛ.
Думать можно что угодно. Факты нужны, факты.
ПОЛИНА.
У вас для меня ничего не найдётся?
СТУЛ.
А найдётся. *(Подаёт ей кассету)* Дарю.
ПОЛИНА.
Спасибо, дядя Вить.

СТУЛ.
Вот уж точно, не за что. Давай. Действуй!

(ПОЛИНА вышла. Вставила кассету в плеер, сунула наушник в ухо. Постояла. Помрачнела. Сказала: «Та-ак.» И пошла к отцу)

СЦЕНА ПЯТАЯ

У ЖОРЫ

ПРОДАВЦЫ.
— Как же мне обидно за других и за себя!
В каком мы были ажиотаже!..
Вроде стало можно всё, что было нам нельзя,
А толку что? Ещё и хуже даже
— С бодуна захочешь своё дело завести,
И только время зря потратишь.
— Шагу не ступи! До ветру не сходи,
Пока за ветер не заплатишь!
ХОР.
Кругом несчастная торговля частная,
О правде-совести не мечтай:
Опять начальнички — всему хозяйнички:
«Деньги давай! Деньги давай! Деньги давай!»
Тому отстёгивай, тому откатывай,
Язык проглатывай — а если что,
Ступай пожалуйста и в суд пожалуйся,
А судьи кто? А судьи кто?
Была свобода дадена — и сразу вся раскрадена.

(Те же и ЖОРА)

ЖОРА.
Я пригласил вас, господа, чтобы сообщить вам пренеприятное известие...
ПРОДАВЕЦ.
К нам едет ревизор?
ЖОРА.
Нет, моё известие гораздо неприятнее. Наш полицейский № 1, господин так называемый **ПОЛКАН**, убыл на повышение в столицу, а его номер после выборов переходит ко мне. А это значит, ваша так называемая контрибуция удваивается.
САМОГОНЩИЦА.
Жора! Побойся Бога!
ЖОРА.
Как было сказано — язык проглатывай,
На ус наматывай, а если что,
Иди, пожалуйста, и в суд пожалуйся,
А там само собой известно кто.
Всё. Свободны!
ХОР.
Была свобода дадена, и сразу вся...

(Те же и ПОЛИНА)

ПОЛИНА.
Одну минутку. Дорогие сограждане!
Мой покойный муж ещё так недавно
Довольно круто обошёлся с вами
И кончил бесславно, как вы знаете сами.
Но давайте не будем раскачивать лодку,
А давайте все вместе, в охотку, плечом к плечу
Поможем Стулину Виктор Ильичу,
Который на вас в большой надежде:

Поддержи́те его — он вам ответит тем же.
А пока что зайдите в наш избирательный штаб,
Изложите ваши просьбы и претензии
И вы полу́чите свежайшие лицензии.
ХОР.
Скорей-скорей-скорей!

(Исчезли)

ЖОРА.
Вообще лицензии им выдаю я. *(Пауза)* Выходит, всю контрибуцию свою теперь заносить они будут...? *(Пауза)* ПОЛКАН ушёл наверх, Стул идёт на выборы, а Жора куда?
ПОЛИНА.
А Жора — на заслуженный отдых.
ЖОРА.
Чего-о-о?
ПОЛИНА.
Того. Привет от Леши моего.

(Включила плеер)

ГОЛОС ЖОРЫ.
«Что-то мне надоел наш общий друг. Заехал на мою территорию... одних особо тяжких штук сто, кого не убил, того изнасиловал... Все борются с криминалом, а мы должны терпеть? Лёха Ствол — пройденный этап, отыгранная карта... вот он и есть — мишень».
ЖОРА.
И ты с этим думаешь меня посадить?
ПОЛИНА.
Ну что ты. За Лёшу посадить мало. За Лёшу, блин...

ЖОРА.
Дашь послушать своим орлам?
ПОЛИНА.
Обязательно. Но попозже. Мать жалко. Здесь две путёвки. На Канары. Это пожизненно.
ЖОРА.
А иначе?
ПОЛИНА.
А иначе — посмертно. И чихнуть не успеешь.

(Ушла)

ЖОРА. *(Помолчав)*
Мария!... Мария!!!

(Вошла МАРИЯ)

Что встала? Собирай чемоданы.
МАРИЯ.
Чего это?
ЖОРА.
Того это. Либо нары — либо Канары. Не всё равно где отдыхать? Не всё равно. Так что собирай чемоданы. А дочке своей скажи ба-альшое спасибо!

(Начинают собираться, потом вдруг всё бросают и присаживаются друг возле друга)

МАРИЯ.
Мы отдохнём, дорогой мой, мы отдохнём,
Мы наконец-то увидим небо в алмазах,
И вдалеке от недобрых, чужих, пустоглазых
Мы наконец-то побудем вдвоём.

ЖОРА.
Мы отдохнём, дорогая, мы отдохнём.
Будем часами глазеть на чужие алмазы,
Будем бояться заразы и сдерживать газы
И дожидаться, когда же мы, на хер, помрём.
МАРИЯ.
Встретить закат на балконе, бокалы наполнить,
Не говорить и не думать и всё понимать.
ОБА.
Нам ведь особо хорошего нечего вспомнить,
А остальное уж лучше и не вспоминать...

СЦЕНА ШЕСТАЯ

ДЕНЬ ВЫБОРОВ

(ПОЛИНА с БРАТКАМИ руководит процессом)

ПОЛИНА.
Давай-давай, шевелись. Соколы мои, шевелись!
Полундра, матросы, нам нет цены,
Конкретные ребята, реальные пацаны!
Как оно там было в ЭсЭсЭсЭр?
Начальству — трибуна, остальным — барьер!
(1-му БРАТКУ)
Что на участках?
1-ый БРАТОК.
Полный аншлаг.
ПОЛИНА.
Подкинешь бумажек, если что не так.

(2-му БРАТКУ)
Умеешь считать?
2-ой БРАТОК.
Умею считать.
ПОЛИНА.
100% — это параша. Сделай 85%.
(3-му БРАТКУ)
Студентам по сотне. По полсотне бомжам.
А за несознательных?
3-ий БРАТОК.
Проголосую сам.
ХОР БРАТКОВ.
К растакой-такой-то матери
Все на свете тормоза!
По призыву демократии
Голосуем за! За! За!
За хорошие условия,
За буфет и гардероб
Для особого сословия
Государственных особ!
Наряжайтесь, люди добрые,
Причешите волоса,
В наши ящички удобные
Суйте ваши голоса!
Мы не будем долго мучиться,
Все бумажки мы учтём,
Сосчитаем, что получится,
И получим, как сочтём!
Широка страна родимая,
Из себя такая вся
Задушевная, правдивая,
Только вдруг свихнулася:

Там больные, там бездомные,
И не жалко никого.
Что ж поделать, люди добрые,
Наше время таково!

ПОЛИНА. *(1-му БРАТКУ)*
Что у нас?
1-ый БРАТОК.
У нас всё.
ПОЛИНА.
Итого?
1-ый БРАТОК.
85%, как и было сказано.
ПОЛИНА. *(В телефон)*
Попова! Сиротки есть?
ГОЛОС ЖЕНИ.
Сиротки всегда есть.
ПОЛИНА.
Сколько?
ЖЕНЯ.
Как договаривались. Десять.
ПОЛИНА.
Это много. Отберите штук пять, покрасивше.
ЖЕНЯ.
Но послушай!
ПОЛИНА.
Всё-всё-всё, сказано 5 — значит 5. Я вам нянечек подброшу.

(Жестом отсылает трёх братков)

Стул скажет речь, в конце выдвигаетесь с колясками во дворец, осуществишь наконец мечту, давай. Хор! Вам что, особое приглашение?

ПРОДАВЦЫ.
За Родину! За Стулина!
Желаем на посту его!
За Стулина! За Родину!
Ура ему! Ура ему!
Ура-а-а!

(Те же и СТУЛ)

СТУЛ.
Друзья! Сограждане! Товарищи! Господа! Соотечественники и соотечественницы! На сегодняшний день наша главная задача решена на 85%.

(Аплодисменты)

А этого мало. Надо 100%, дорогие мои! И мы этого добьёмся.

(Аплодисменты)

Но будет трудно. Климатические условия, демографический взрыв, ну и враждебное окружение. Само собой. А также враги внутренние. Межконтинентальные, а возможно и межпланетные, я не исключаю.

(Крики «Позор! Позор». Аплодисменты)

У них, конечно, ракеты, танки, лазеры-шмазеры. Зато у нас с вами то, что посильнее всех этих лазеров-шмазеров, танков-шманков. То есть я имею в виду — что? Ну? Слово из трёх букв!

(Пауза. Затем одинокий голос: «Не может быть!»)

Дух, дорогие мои, дух — вот что я имею в виду! Уж чего другого, а этого у нас с вами — а почему? А потому что нас вдохновляют великие предки. В Москве — великий князь, в Питере — великий император, а у нас — великий полководец, Македонский Александр Филипыч, который ещё до нашей эры уже стоял между Чапаевкой и Первомайкой по дороге в Индию!

(Крики «Ура!», аплодисменты)

Память о нём передавалась из поколения в поколения, и не только память, но и внешние черты.

(Освещается портрет А.Ф. Македонского с несомненными чертами СТУЛИНА. Аплодисменты)

По всему по этому и в силу вышесказанного, по случаю сегодняшнего, прямо скажем, праздника, мы открываем детский приют имени Македонского, и попрошу вас приветствовать его первый контингент!

(Аплодисменты. Те же и 5 колясок с младенцами. При них 3 братка и ПОЭТ с ЖЕНЕЙ)

Слово для приветствия имеет начальница приюта — Полина Георгиевна Ствол!

(Аплодисменты. Однако вместо ПОЛИНЫ выходит ПОЛКАН)

Это не Ствол. Это ПОЛКАН. К чему бы это? *(К публике)* Дорогие друзья! Нас приветствует наш бывший земляк, а ныне представитель центра...

ПОЛКАН. *(Отбирает микрофон)*
Земляки бывшими не бывают, Виктор Ильич. Дорогие друзья! Вынужден вас огорчить. Дело в том, что согласно новейшим данным центрального института истории — да, Македонский Александр Филипыч действительно останавливался по дороге в Индию со всеми своими фалангами и слонами, но не здесь между Чапаевкой и Первомайкой, а там, между Кремлём и Мавзолеем. Поэтому гражданин Стулин Виктор Ильич срочно отзывается в центр впредь до дальнейшего выяснения.

(Делает знак. Трое братков отходят от младенцев и подхватывают СТУЛИНА под руки)

СТУЛ. *(В ярости)*
Да? Между Кремлём, да? А как же наши артефакты? А как же моё портретное сходство?

(Указывает на портрет, но там уже лицо ПОЛКАНА)
Да... Наше прошлое действительно непредсказуемо.

(Его увели)

ПОЛКАН.
Так что, дорогие друзья, как вы, вероятно, уже поняли, все полномочия и прерогативы временно переходят...

(Указывает на портрет — но тут раздаётся выстрел. ПОЛКАН падает. Те же и СКИПИДАР с перевязанной ногой)

СКИПИДАР.
Это тебе за Лёху, гражданин начальничек. А говорите, моё время прошло.
Зачем торопиться? Мы ещё и на Канары слетаем, ага? Мы ещё пошумим, верно я говорю?

(Тем временем братва смыкается вокруг него)

Эй! эй! Эй! Вы чё? Мама!

(Сомкнулись. Впереди возникает ГАНДОН с траурным венком «ОТ ДРУЗЕЙ». Обнажили головы. Втягиваются задом во дворец. Двери захлопываются. На портрете — ПОЛИНА)

ПОЛИНА.
Попова! Эй! Слышь, Попова! А дворец-то — мой! Так что катись отсюда со своими ублюдками, я ещё здесь поживу!

(Вывешивает плакат «ОБЩАЯ АДМИНИСТРАЦИЯ» и исчезает)

(На площади остались ПРОДАВЦЫ и 5 колясок с сиротками, а при них ЖЕНЯ с ПОЭТОМ. Тишина. Но вот младенцы заводят плач. ЖЕНЯ и ПОЭТ качают коляски, но плач усиливается)

ЖЕНЯ.
Тут были соски.

(Находят соски и затыкают младенцев. Тишина)

ПОЭТ. *(Не глядя на толпу)*
Ну? *(Пауза)* Я говорю: ну?

САМОГОНЩИЦА.
Что «ну»? Что «ну»? Не нукай, не запряг. А то зарядил «ну да ну». Баранки гну! *(Подходит к одной коляске)* Я тебе ща поплачу, я тебе ща покапризничаю, я тебя ща с кашей съем.

ПОЭТ.
Ну?

ГАДАЛКА.
Ну, я не знаю...Ну, допустим... *(Берётся за другую коляску)* Всё-таки как у нас плохо поставлена забота

о детях. Усыновляемость снизилась катастрофически, но это никого не касается.
ПОЭТ.
Это всё?
АНТИКВАР.
Ну почему я? Почему всё время я? Столько здоровых обеспеченных, благополучных — нет, обязательно я, неблагополучный, необеспеченный, больной. Не понимаю, не понимаю! *(Берётся за 3-ю коляску)*
ПОЭТ. *(Осмотревшись. ЖЕНЕ)*
Я не вижу другого выхода.
ЖЕНЯ.
Но...
ПОЭТ.
Можно у меня.
ЖЕНЯ.
Но...
ПОЭТ.
Места хватит.
ЖЕНЯ.
У меня, что ли, тоже нет другого выхода?
ПОЭТ.
Если нет другого выбора.
САМОГОНЩИЦА.
Потише можно? А-а, а-а...
ГАДАЛКА.
А-а... А-а...

ФИНАЛЬНАЯ КОЛЫБЕЛЬНАЯ

Баю-баюшки-баю,
Ты усни, а я спою,
Я спою, а ты усни,
Ничего не бойся.
Победит герой врага,
Образумится яга,
Разойдётся эта мгла,
Ты не беспокойся.

Над родимой стороной,
Над твоею головой
Чёрный ворон роковой
Виться перестанет.
Хоть не сразу и не вдруг
И над нами и вокруг
Этот морок вековой
Наконец растает.

Сколько флагом ни маши,
Посреди вражды и лжи
Невозможно для души
Долго находиться.
Понимаешь, друг ты мой,
Ты да я да мы с тобой
Так давно живём мечтой,
Что пора ей сбыться.

КОНЕЦ

Александр Георгиевич Товстоногов и Юлий Черсанович Ким

СОДЕРЖАНИЕ

I. ПРЕДИСЛОВИЕ АВТОРА 3

II. КЛОП *(фолк-опера)* 5

III. ГРАЖДАНСКИЕ МОТИВЫ 60
1. ДИАЛОГ О СОВЕСТИ 61
2. РАЗГОВОР С БАТЕЙ 63
3. АФГАНСКАЯ ПЕСНЯ 64
4. ГАЛИЛЕЙ ПЕРЕД ПЫТОЧНОЙ КАМЕРОЙ 65
5. СОЛОВЕЦКИЕ ЧАЙКИ 67
6. ИЩИ ЕГО 68
7. ЗАБУДЬ БЫЛОЕ 69
8. БАЛЛАДА О ЧЕСТИ 70
9. БАЛЛАДА О ВЫБОРЕ 71
10. МОЯ МАТУШКА РОССИЯ 72
11. АНГЕЛЫ 74
12. ДОН КИХОТ 75
13. СВОИМ ПУТЁМ 76
14. ШТАТСКИЙ МАРШ 77
15. ИСТЕРИЧЕСКАЯ ПЕРЕСТРОЕЧНАЯ 78
16. КАПРИЗНАЯ МАША 80
17. КАДРИЛЬ ДЛЯ МАТИУСА РУСТА 82
18. ПИСЬМО ВЕЛИКОГО КНЯЗЯ МОСКОВСКОГО В ЛИТВУ КАЗИМИРЕ ПРУНСКЕНЕ 83
19. НЕТ ДЕНЕГ 85
20. КАРУСЕЛЬ 86
21. МОЛИТВА О МИРЕ 87
22. Я КЛОУН 88

IV. ОДНАЖДЫ МИХАЙЛОВ......... 90
ОТ АВТОРА 91
1. ШЕКСПИРОВСКИЕ СТРАСТИ В 1968 Г. 92
2. ТАТЬЯНИН ДЕНЬ, ИЛИ РУСИ ЕСТЬ
                      ВЕСЕЛИЕ ПИТИ 113
3. ЛЁНЯ ВТОРОВ И ФИЛЕРА 119
4. ДВА РАССКАЗА ВИКТОРА НЕКРАСОВА 130
    Предисловие автора 130
    Ограбление века.............................137
    Король в Нью-Йорке 139
    Послесловие автора 141
5. В ГОСТЯХ У СИЛИСА 142
    Трус *(записки из полумёртвого дома)* 144

V. ОДНАЖДЫ МИХАЙЛОВ С КОВАЛЁМ 162
    Необходимый именной указатель 214

VI. МОСКОВСКИЕ КУХНИ
    (песенная пьеса) 218

VII. ОПЕРА НИЩИХ НА РУССКИЙ МОТИВ
    (либретто мюзикла) 267

www.ingramcontent.com/pod-product-compliance
Lightning Source LLC
Chambersburg PA
CBHW050323010526
44119CB00003B/76